Thomas Bernhard (1931 - 1989)
„Aber ich habe auch niemals auf mein Herz Rücksicht genommen ..."
Eine Psychographie

Danksagung und Widmung:

Ich bedanke mich bei allen, die mich bei der Arbeit an diesem Buch unterstützt und inspiriert haben, bei Fr. Dr. Renate Langer für Lektorat und Vorwort. Gewidmet ist dieses Buch meinen Söhnen Jonathan und Timon.

Herwig Oberlerchner

Thomas Bernhard 1931 1989

„Aber ich habe auch niemals auf mein Herz Rücksicht genommen ..."

Eine Psychographie

Mit einem Vorwort von Renate Langer

Verlag Wissenschaft & Praxis

Bibliografische Information der Deutschen Bibliothek

Die Deutsche Bibliothek verzeichnet diese Publikation in der Deutschen Nationalbibliografie; detaillierte bibliografische Daten sind im Internet über http://dnb.d-nb.de abrufbar.

ISBN 978-3-89673-730-4

© Verlag Wissenschaft & Praxis
Dr. Brauner GmbH 2017
D-75447 Sternenfels, Nußbaumweg 6
Tel. +49 7045 93 00 93 Fax +49 7045 93 00 94
verlagwp@t-online.de www.verlagwp.de

„Aber ich habe auch niemals auf mein Herz Rücksicht genommen ..."
Originalzitat im Titel: Thomas Bernhard: Auslöschung. Suhrkamp. 1988. 622.
Bild auf der Titelseite: Herwig Oberlerchner. Ansicht am Hof in Obernathal.

Aus Gründen der vereinfachten Lesbarkeit wird in diesem Buch die männliche Form verwendet. Angesprochen sind jedoch stets beide Geschlechter.

Alle Rechte vorbehalten

Das Werk einschließlich aller seiner Teile ist urheberrechtlich geschützt. Jede Verwertung außerhalb der engen Grenzen des Urheberrechtsgesetzes ist ohne Zustimmung des Verlages unzulässig und strafbar. Das gilt insbesondere für Vervielfältigungen, Übersetzungen, Mikroverfilmungen und die Einspeicherung und Verarbeitung in elektronischen Systemen.

Druck und Bindung:
M.P. Media Print Informationstechnologie GmbH, 33100 Paderborn

INHALT

Vorwort – Thomas Bernhard und die Ärzte _____ 7

Einleitung – Ein Fall für die Psychiatrie? _____ 17

Am Tonhof – Liebe, Kunst und Hass _____ 21

Schwarze Pädagogik – Kaspar Hauser _____ 27

Erste Wochen – Verzweiflung, Depression und Wut _____ 33

Der Großvater – Vaterersatz, Lehrer, Tyrann _____ 37

Im Internat: Katholizismus und Nationalsozialismus _____ 45

Tuberkulose in der totalen Institution _____ 51

Lebensmensch und Bindung _____ 59

Auflösung und Schizophrenie _____ 67

Sarkoidose – Körper und Seele _____ 77

Suizid oder es geht weiter _____ 83

Häuser – Heimat – Behausung _____ 89

Begegnungen und Ambivalenzen _____ 93

Beziehungen sind Beobachtungen _____ 97

Der Famulant träumt _____ 103

Zuletzt doch noch eine Diagnose? _____ 111

Nachwort _____ 117

Der Autor _____ 119

Literatur _____ 121

Anhang _____ 125

VORWORT –
THOMAS BERNHARD UND DIE ÄRZTE

Solange sich in den Krankenhäusern die Ärzte nur für die Körper und nicht für die Seele interessieren, von welcher sie anscheinend soviel wie nichts wissen, müssen wir die Krankenhäuser als Anstalten nicht nur des öffentlichen Rechts, sondern auch des öffentlichen Mordes bezeichnen und die Ärzte als Mörder und ihre Vollzugsgenossen. Als einem sogenannten Privatgelehrten aus Ottnang am Hausruck, der wegen einer sogenannten Merkwürdigkeit in das Vöcklabrucker Krankenhaus eingeliefert worden war, der Körper vollkommen untersucht worden war, hatte er, wie er in einem Leserbrief an die medizinische Fachzeitschrift Der Arzt schreibt, gefragt: und die Seele? Worauf ihm der Arzt, der seinen Körper untersucht hatte, geantwortet hat: seien Sie still! (Keine Seele, W 14, 317).

Dieser kurze Prosatext aus dem *Stimmenimitator* bringt Thomas Bernhards Kritik an der etablierten Medizin auf den Punkt. „Und die Seele?" Diese Frage stellt nicht nur der „sogenannte Privatgelehrte aus Ottnang", sondern auch der Autor, der ein Haus in diesem oberösterreichischen Ort besaß.

Seit seiner Jugend fühlte Bernhard sich den Ärzten ausgeliefert. Seine Autobiographie ist auf weite Strecken eine Autopathographie, die Bände *Der Atem* und *Die Kälte* handeln von Aufenthalten in Krankenhäusern und Heilanstalten. In einem Alter, da Heranwachsende gewöhnlich eine Zunahme ihrer physischen Kräfte spüren, erkrankte er schwer und wusste nicht, ob er überleben würde. Die Todesnähe, die seine Adoleszenz überschattete, blieb für sein ganzes Leben prägend. *In hora mortis* ist denn auch der Titel eines seiner frühen Gedichtbände, und sein wohl meistzitierter Satz lautet: „[E]s ist alles lächerlich, wenn man an den *Tod* denkt" (W 22/2, 23). Von romantischer Todessehnsucht war Bernhard gleichwohl weit entfernt. Die

Krankheit mobilisierte in ihm einen zähen Überlebenswillen, wie Herwig Oberlerchner in seiner Studie überzeugend darlegt.

Bernhards Krankengeschichte ist als subjektive Erlebnisschilderung aus der Sicht eines sensiblen Patienten zu lesen. Dabei richtet sich die Aggression des Autors immer wieder gegen die Mediziner, die in seinen Augen entweder „größenwahnsinnig oder hilflos" sind (W 10, 255). „Unter hundert sogenannten Ärzten findet sich selten ein wirklicher Arzt", heißt es in *Der Atem* (ebd.). Den Medizinern wird vor allem ihre Kommunikationsunfähigkeit und -unwilligkeit angekreidet: „Ich hatte ununterbrochen den Wunsch gehabt, mit meinen Ärzten zu sprechen, aber ausnahmslos haben sie niemals mit mir gesprochen" (ebd.). Eine bemerkenswerte Ausnahme gibt es immerhin. Im Lungenarzt, den Bernhard nach seinem Sanatoriumsaufenthalt zur Fortsetzung der Behandlung regelmäßig aufsuchte, fand er „den einzigen *nützlichen* Gesprächspartner [...], einen Menschen, mit welchem ich mich aussprechen konnte" (ebd., 402).

Die meisten Ärzte in den autobiographischen wie auch fiktionalen Texten Bernhards sind ohne Mitgefühl und nehmen hinter den Symptomen nicht den Menschen wahr. „Ästhetik haßt er. Ebenso Träume. Es scheint, als habe er nie gelitten", wird in *Frost* der Chirurg beschrieben, der das Negativbild eines Arztes verkörpert (W 1, 213). Die eigene Gesundheit erleichtert es ihm, sich den Patienten emotional zu entziehen. Damit ist er in Bernhards Augen ebenso disqualifiziert wie der „brutale[ ], übergesunde[ ]" Internist in *Amras* (W 11, 114). Dessen Untersuchung ergibt „nichts Beunruhigendes" (ebd., 158), und gleich darauf stürzt sich der psychisch kranke Walter aus dem Fenster. Auch der „dicke Doktor Westermayer" in *Ein Kind* (W 10, 491) und der als „schwer, breit" beschriebene Chirurg in *Die Kälte* (ebd., 375) scheinen schon allein durch ihre robuste Physis unfähig zur Empathie mit ihren Patienten.

Im Dienste der Abschottung steht auch die medizinische Wissenschaft, die nicht den leidenden Menschen, sondern das dysfunktionale Organ zum Gegenstand hat. Die Medizin sei „eine Wissenschaft von den Organen, nicht vom Menschen", sie habe „überhaupt nichts/mit dem Menschen zu tun", denn „der Mensch interessiert die Medizin überhaupt nicht", so der Doktor im Stück *Der Ignorant und der Wahnsinnige* (W 15, 258). Er nennt die Namen Virchow und Rokitansky, mithin zwei Koryphäen, deren Forschungen zu den enormen Fortschritten der biologisch und physiologisch ausgerichteten Medizin im 19. Jahrhundert beigetragen haben. Als Extrembeispiel von *déformation professionelle* demonstriert er selber den Abwehrcharakter des naturwissenschaftlichen Menschenbilds: Anstatt sich der emotional bedürftigen Sängerin an seiner Seite zuzuwenden, erzählt er lang und breit und mit grausigen Details vom Sezieren einer Leiche. Gleichwohl äußert ausgerechnet er tiefe Einsichten in die Defizite seines Fachs: „einerseits ist die medizinische Wissenschaft/fortgeschritten/andererseits ist sie seit fünfhundert Jahren/stehengeblieben" (ebd., 228).

Vor fünfhundert Jahren, in der Renaissance, wurde der Mensch noch als leiblich-seelische Einheit, eingebettet in den Makrokosmos, aufgefasst. Die Heilkunst, die deshalb immer auch Philosophie sein musste, zog daraus therapeutische Schlussfolgerungen im Sinne des antiken, dem Gott Asklepios zugeschriebenen, im 16. Jahrhundert von Paracelsus aufgegriffenen Grundsatzes: „Zuerst heile mit dem *Wort*, dann mit der *Arznei* und zum Schluss mit dem *Messer*." Wie es dagegen aus Bernhards Sicht um die moderne Medizin bestellt ist, zeigt sich im Roman *Frost*, als der Famulant vom Zerstückeln eines menschlichen Körpers auf dem Operationstisch in einem „schlachthausähnlichen, weißgekachelten Raum" träumt (W 1, 108).

Aus dem Menschenbild der Renaissance, das bis in die Zeit der Romantik die Heilkunst prägt, ergibt sich ein biopsychosoziales Modell von Krankheit, das im Zuge der Vernaturwissenschaftlichung der Medizin während des 19. Jahrhunderts zugunsten der Biologie ins Hintertreffen geraten ist. Die romantische Krankheitsphilosophie hat in Bernhards Werk deutliche Spuren hinterlassen. Einer der von ihm am häufigsten zitierten Autoren ist Friedrich von Hardenberg, genannt Novalis. „Das Wesen der Krankheit ist so dunkel als das Wesen des Lebens." Diesen Satz aus den *Fragmenten* des deutschen

Romantikers (1968, 595) stellte Bernhard seiner Erzählung *Amras* als Motto voran (W 11, 110).

Mit Novalis teilt Bernhard auch die Hochschätzung der Krankheit, die den Menschen sensibilisiert und seine Kreativität stärkt. „Fängt nicht überall das Beste mit Krankheit an?" fragte der Dichter und Philosoph gegen Ende des 18. Jahrhunderts (1968, 389). Er unterschied einen sthenischen, d. h. kraftvollen, gesunden „Muskelmenschen" und einen asthenischen, d. h. schwachen, kranken, aber künstlerisch begabten und daher höherstehenden „Nervenmenschen". Der verrückte, depressive und an epileptischen Anfällen leidende Walter in *Amras* verkörpert den asthenischen Typus ebenso wie viele andere Bernhardfiguren vom Maler Strauch in *Frost* bis zu Franz Josef Murau in *Auslöschung*. „Die Krankheiten führen den Menschen am kürzesten zu sich selbst", sagt ein anderer „Nervenmensch", der Fürst Saurau in *Verstörung* (W 2, 202). Nach der Typologie des Novalis sind Bernhards „Geistesmenschen" wohl allesamt als „Nervenmenschen" zu klassifizieren.

Geradezu auf Thomas Bernhard gemünzt scheint ein anderes Novalis-Zitat (1968, 371): *„Krankheiten, besonders langwierige, sind Lehrjahre der Lebenskunst und der Gemütsbildung. Man muß sie durch tägliche Bemerkungen zu benützen suchen."* Dem jugendlichen Bernhard dürften solche Gedanken aber nicht erst durch die Beschäftigung mit der romantischen Philosophie, sondern durch den persönlichen Umgang mit seinem Großvater nahegebracht worden sein. *„Der Kranke ist der Hellsichtige. Keinem anderen ist das Weltbild klarer"* (W 10, 250), sagt Johannes Freumbichler zu seinem Enkel, über den er damit geradezu ein Gesundheitsverbot verhängt. Bernhard folgt ihm denn auch in die Krankheit ebenso wie in die Kunst.

„Jede Krankheit kann man Seelenkrankheit nennen", lautet der Satz von Novalis (1968, 663), der als Motto der autobiographischen Erzählung *Die Kälte* fungiert (W 10, 312). Bei den meisten Ärzten sei, so Bernhard, dieses Wissen um die untrennbare Einheit von Leib und Seele jedoch verloren gegangen. Die „außerfleischlichen Tatsachen und Möglichkeiten" werden von der Medizin meist ignoriert, stellt

der Famulant gleich zu Anfang von *Frost* fest (W 1, 7). Der Maler Strauch hingegen vermutet einen „*Zusammenhang zwischen meinem Kopfschmerz und diesen Fußschmerzen*" (ebd., 51). Im *Kalkwerk* erklärt Konrad: „Im Grunde gebe es gar keine sogenannten Organischen Krankheiten", denn diese seien in Wirklichkeit „Gemütskrankheiten" (W 3, 55). Diese Auffassung wird von der Ärzteschaft freilich nicht geteilt, und wenn ausnahmsweise ein Mediziner so denkt, dann gerät er innerhalb des eigenen Berufsstands ins Abseits wie der Landarzt in *Verstörung*. Als positiv gezeichnete Figur steht er in scharfem Kontrast zu der sonst so breiten Raum einnehmenden Ärzteschelte.

Selber an Leib und Seele gefährdet, interessiert dieser Arzt sich für das „Studium des Seelischen" und beherrscht die beinahe ausgestorbene „Kunst zuzuhören" (W 2, 57 u. 154). So gelangt er notwendigerweise zu einer psychosomatischen Krankheitsauffassung, die sich nicht mit reduktionistischen organfixierten Erklärungen zufrieden gibt: „Freilich könne man sagen, [...] daß der Lehrer an einer Herzkrankheit, an der sogenannten Herzruptur, gestorben ist, man könne es sich so einfach machen. ʹAber das war es nichtʹ" (ebd., 56). Der Gebrauch lateinischer Termini ist ebenfalls eine Methode, sich das Leid vom Leibe zu halten. Was heißt „Herzruptur" anderes als gebrochenes Herz? Im Grunde ist der Lehrer in *Verstörung* daran gestorben, weiß der Arzt, der die Lebensgeschichte ebenso wie die Familienverhältnisse seines Patienten kennt. Im Gesicht des Sterbenden hat er „deutlich die Anklage eines Menschen gegen eine Welt gesehen, die ihn nicht hat verstehen wollen" (ebd.). Zu Recht fühlt dieser Arzt sich als hilfloser Helfer, denn er heilt keinen seiner Patienten, doch seine Zuwendung macht ihnen das Leiden erträglicher. Seine Berufskollegen nennt er „Reisende in Heilungsschwindel", er verurteilt ihre „Pseudowissenschaft" und „Gefühllosigkeit" (ebd., 27 u. 57). Ähnlich polemisch äußert sich ein weiterer Außenseiter, der morphiumsüchtige Arzt in *Watten*, dem man die Praxis gesperrt hat und der an philosophisch-medizinischen Schriften arbeitet. Die meisten seiner Kollegen seien nichts als eine „Geldmaschine im Ärztekittel", sie „verstehen nichts, beurteilen alles" (W 12, 127 u. 136).

„[...] die Medizinische Wissenschaft sei die schwachsinnigste, die Ärzte seien die schwachsinnigsten, skrupellos, und die Kranken zögen sich, mit ihren Krankheiten allein gelassen, nach und nach auf die erniedrigendste Weise auf sich selber zurück, weil sie keine andere Wahl hätten, gingen unter der sie ständig beschwindelnden Ärzteschaft ein", sagt Konrad im *Kalkwerk* (W 3, 54f.). In Bernhards obsessiv wiederholten Anklagen gegen die Ärzte, die er unterschiedlichen Figuren, darunter eben auch Ärzten, in den Mund gelegt hat, äußert sich Wut über enttäuschte Heils- und Heilungserwartungen. Ex negativo verweisen sie auf ein Ideal, hinter dem sich die Konturen einer guten Vaterimago abzeichnen. Der Mensch sei lebenslänglich „auf der Suche nach einem guten Körperarzt und einem guten Seelenarzt und beide gibt es für ihn nicht", so Reger in *Alte Meister* (W 8, 169). Die auf den Arzt als „Geist- und Körperretter" (*Ja*, W 13, 53) projizierte Sehnsucht nach einem beschützenden, alle Verletzungen wieder gutmachenden Vater ist in Bernhards problematischer Familiengeschichte begründet. Seine Hilflosigkeit als Patient reaktualisierte traumatische Erfahrungen der frühesten Kindheit.

Am schlechtesten kommen bei Bernhard die Psychiater weg, die als „die wahren Teufel unserer Zeit" bezeichnet werden (W 13, 213). Herwig Oberlerchner, selbst ein Vertreter dieses Fachs, zitiert ausführlich aus den Schmähreden auf den Anfangsseiten von *Wittgensteins Neffe*. Durch Paul Wittgenstein, der immer wieder in der Wiener Klinik Am Steinhof und im Linzer Wagner Jauregg Krankenhaus interniert war, gewann Bernhard Einblick in die Anstaltspsychiatrie der 1960er Jahre, in der zum Teil noch dieselben Ärzte wie in der NS-Zeit tätig waren. Seine Psychiatriekritik hat einiges gemeinsam mit Positionen der Antipsychiatriebewegung, wie sie etwa David Cooper und Ronald D. Laing vertraten. „Und die Seele?" Dafür interessieren sich bei Bernhard nicht einmal die Psychiater, die sich bei Bernhard wie Organmediziner verhalten. Anstatt sich um ein Verständnis ihrer Patienten zu bemühen, schirmen sie sich gegen den Wahnsinn ab und verbarrikadieren sich hinter ihrer Fachterminologie.

Immer wieder, allerdings meist außerhalb der Arzt-Patient-Beziehung, findet man bei Bernhard Figurenkonstellationen, wo eine einigermaßen normale, sozial angepasste Figur sich auf den offensichtlich von der Norm abweichenden Geisteszustand eines Gesprächspartners einlässt, ihn zu verstehen sucht und dabei verwandte, wenngleich oft abgewehrte oder überwunden geglaubte Seiten in sich selbst entdeckt. In *Frost* erteilt der Chirurg dem Famulanten den Auftrag, seinen Bruder zu „beobachten" (W 1, 7), was diesen auf den Status eines Forschungsobjekts reduziert hätte. Der Famulant hingegen tritt dem Maler Strauch als einfühlsamer Zuhörer gegenüber. Besonders dessen Kindheitsschilderungen lösen in ihm Emotionen aus, die mit einer neutralen Beobachterposition unvereinbar sind: „Kindheit und Jugend sind ihm nicht leichtgefallen. In vielem erinnern sie mich an meine eigene Kindheit und Jugend" (ebd., 35). Die Annäherung geht bis zur Identifikation, wenn der Famulant sich „fortwährend abgehackt durch den Mund dieses Menschen sprechend" entdeckt (ebd., 299). Auch in der Erzählung *Das Verbrechen eines Innsbrucker Kaufmannssohns* sind es düstere Kindheitserinnerungen, die eine Verbundenheit zwischen dem Ich-Erzähler und seinem verkrüppelten Gegenüber schaffen: „Wenn ich in seine Kindheit und in sein Innsbruck hineinschaute, schaute ich in meine Kindheit und in mein Innsbruck hinein" (W 14, 66).

Der Ich-Erzähler von *Verstörung* – der Titel drückt seinen Bewusstseinszustand aus – neigt dazu, „über alles und jedes auf eine mich schädigende Weise nachzudenken" (W 2, 15), wenn er seinen Vater, den Landarzt, bei den Krankenbesuchen begleitet. Mit verschiedensten Leiden konfrontiert, wird ihm seine eigene Gefährdung und Hinfälligkeit bewusst. Der Kranke ist eben nicht der ganz Andere, mit dem der „unheilbar Gesunde" nichts gemein hat. So besteht in *Wittgensteins Neffe* wenigstens eine Zeitlang eine Freundschaft zwischen dem Protagonisten und dem Erzähler, der durch seine eigene Verrücktheit imstande ist, zu einem Verrückten in Beziehung zu treten. Durch Empathie und Verständnis wird bei Bernhard freilich niemand geheilt. Allenfalls trägt der Leidende seine Bürde etwas leichter.

Angesichts der vielen Beschwerden über die Gesprächsverweigerung und Gefühlskälte der Ärzte ist es erstaunlich, dass in Bernhards literarischem Kosmos die Psychoanalyse nicht existiert. Dabei könnte sie doch das Bedürfnis befriedigen, den „angestauten Geistes- und Gefühlsunrat" (*Ja*, W 13, 53) auszuschütten. Überdies gehören etliche der psychisch labilen Figuren – etwa *Wittgensteins Neffe* Paul, der *Untergeher* Wertheimer oder die Geschwister Worringer in *Ritter, Dene, Voss* – dem mit viel Geld und Muße ausgestatteten Wiener Großbürgertum an, das schon Freuds Praxis vornehmlich bevölkerte.

Insgeheim jedoch scheinen all diese Leidenden und Klagenden gar keine Veränderung ihres Zustandes zu wollen. Vielleicht ignorieren sie die potentiell heilsame, weil im Psychischen ansetzende Therapie, damit ihre „Existenzquelle", wie der Erzähler in *Wittgensteins Neffe* (W 13, 227) seine Krankheit nennt, nicht versiegt. „Nur wenn wir krank sind/sind wir glücklich", sagt der verrückte Ludwig in *Ritter, Dene, Voss* (W 19, 292). Krankheit sei ja „immer auch ein Kapital", erklärte Bernhard in einem Interview mit Kurt Hofmann (1991, 33). Ganz in diesem Sinne hat Elfriede Jelinek die für Bernhard typischen Satzgebilde aus seiner Lungenkrankheit erklärt: „So hat die Erfahrung des zu wenig Luft Kriegens den wüsten Atem des Sprechers erzeugt", „seinen stets fehlenden Atem hat er festschreiben müssen" (1991, 311).

Der jahrzehntelang chronisch Kranke forderte von den Ärzten Verständnis und Mitgefühl mehr als Heilung. In seinem sieben Jahre jüngeren Halbbruder, dem Internisten Peter Fabjan, fand er einen Arzt, der ihn nicht nur behandelte, sondern als ganzen Menschen wahrnahm. Ihm verdankte er auch Einblicke in die Theorie und Praxis der Medizin, die er literarisch verarbeitete. Während Bernhard 1962 an seinem ersten Roman schrieb, arbeitete der Student Fabjan im Rahmen seiner Ausbildung am Krankenhaus Schwarzach und berichtete seinem Halbbruder „medizinische Schauergeschichten" (W 1, 344). Der Erzähler von *Frost*, ebenfalls Famulant in Schwarzach, äußert sich denn auch sehr skeptisch über seine künftige Profession. Ein Pathologieskriptum aus Fabjans Studienzeit benützte Bernhard als Vorlage, um den Doktor in *Der Ignorant und der Wahnsinnige* die Obduktion einer Leiche fachgerecht darstellen zu lassen. Die vielen oft gegensätzlichen und doch eng verbundenen Brüderpaare in

Bernhards Werk sind ebenfalls ein Reflex der Beziehung zwischen den Halbbrüdern, die freilich schwierig war. In einem Brief an seinen Verleger Siegfried Unseld erwähnt der Autor 1984 seinen „Bruder, der ein großartiger Arzt und Internist ist und dem ich das genauso wenig jemals gesagt habe wie er mir, dass ich ein ebenso großer Schriftsteller bin" (Bernhard/Unseld 2009, 712).

Von zwei Brüdern sollte auch Bernhards unvollendet gebliebenes Romanprojekt *Neufundland* handeln. Eine im Nachlass erhaltene Passage daraus ist offensichtlich autobiographisch fundiert: „Wenn wir einen tatsächlich nur seiner Arbeit lebenden, ja nur aus dieser seiner Arbeit heraus existierenden Bruder als Internisten haben, entgehen wir im Laufe der Jahrzehnte Hunderten von Ärzten, zu welchen uns die Krankheit, die wir jetzt schon ein Vierteljahrhundert haben, naturgemäß rücksichtslos getrieben hätte und wir wären ohne einen solchen Bruder als Internisten den zum Großteil ja doch immer wieder nur gemeinen und skrupellosen und stumpfsinnigen medizinischen Geschäftemachern sozusagen lebenslänglich mit Haut und Haaren ausgeliefert gewesen und von ihnen belogen und betrogen und mit der größten Wahrscheinlichkeit längst vernichtet worden, sagte ich mir auf dem Weg zu meinem Haus" (zit. n. Mittermayer 2015, 428f.).

Die vorliegende Studie beweist, dass auch der Klagenfurter Psychiater und Psychoanalytiker Herwig Oberlerchner nicht zur weißen Phalanx der vielgeschmähten, aufs Organische fixierten Ärzteschaft zählt. Denn der „Kunst zuzuhören" (W 2, 154), die Bernhard bei den meisten Medizinern vermisste, entspricht im Umgang mit Texten die Kunst, genau und auch zwischen den Zeilen zu lesen.

Renate Langer Salzburg im Oktober 2016

Renate Langer, Dr. phil., geb. 1961 in Salzburg, Lehrbeauftragte am Fachbereich Germanistik der Universität Salzburg und am American Institute for Foreign Studies. Mitarbeiterin der Therapeutischen Ambulanten Familienbetreuung in Salzburg. Publikationen über Peter Weiss, Franz Grillparzer, Thomas Bernhard, Ingeborg Bachmann, Christoph Ransmayr u. a. Mitherausgeberin der Thomas Bernhard Werkausgabe im Suhrkamp Verlag.

Literatur

Thomas BERNHARD: Werke. 22 Bände. Hg. v. Martin Huber, Wendelin Schmidt-Dengler u. a. Frankfurt am Main 2003-2015.

Thomas BERNHARD/Siegfried UNSELD: Der Briefwechsel. Hg. v. Raimund Fellinger u. a. Frankfurt a. M. 2009.

Kurt HOFMANN: Aus Gesprächen mit Thomas Bernhard. München 1991.

Elfriede JELINEK: Atemlos. In: Sepp Dreissinger (Hg.): Thomas Bernhard. Portraits. Weitra 1991, S. 311.

Manfred MITTERMAYER: Thomas Bernhard. Eine Biografie. Wien/Salzburg 2015.

NOVALIS [Friedrich von Hardenberg]: Schriften. Hg. v. Paul Kluckhohn, Richard Samuel. Bd. 3. Stuttgart 1968.

EINLEITUNG –
EIN FALL FÜR DIE PSYCHIATRIE?

„... ich habe mir vorgenommen, in den rustenschacherschen Laden zu gehn, sagt Karrer zu mir, so Oehler zu Scherrer, und weil der Ton Karrers ganz den Charakter eines unumstößlichen Befehls gehabt hat, sagte ich zu Scherrer, so Oehler, ist mir nichts anderes übriggeblieben, als mit Karrer diesmal in den rustenschacherschen Laden zu gehn. Und allein hätte ich Karrer niemals in den rustenschacherschen Laden gehen lassen, so Oehler, nicht in diesem Zustand."[1]

Thomas Bernhard ist ein außergewöhnlicher, faszinierender, besonderer und umstrittener Schriftsteller, mittlerweile in 40 Sprachen übersetzt und hat einen gesicherten Platz in der Weltliteratur. Doch einen Zugang zu seinen Texten zu finden, ist nicht einfach. Mein erster Versuch vor vielen Jahren im Oberkärntner Gymnasium scheitert kläglich. Doch mit ihm scheitern auch Siegfried Lenz oder Heinrich Böll. Besser geht es mir mit Elias Canetti (*„Die Blendung"*) und natürlich mit Hermann Hesse. Ein zweiter Versuch wird nach der Matura gestartet, schlecht beraten greife ich zur Erzählung *„Gehen"* und bleibe zwischen Karrer und Scherrer und Oehler, den Protagonisten dieses Textes, stecken und stehen und verlasse Thomas Bernhard (vorerst endgültig) als unles- und unverstehbar.

Viele Jahre später, mit dem Umweg über den Tonhof in Maria Saal nahe Klagenfurt, über das Ehepaar Lampersberg(er), über Peter Turrini und eine Lesung von Hermann Beil entdecke ich die Faszination in den Texten und spricht Thomas Bernhard nun doch auch zu mir. Hinter der affektentkoppelten Verdinglichung seiner Weltsicht induziert er endlich Bilder, Gefühle, entsteht ein Übertragungsfeld, finde

---

[1] Thomas Bernhard: Gehen. 1977. 67

ich die tief verborgenen Affekte, tönen Klänge in und zwischen den Zeilen.

1985, kurz nach der Veröffentlichung von „*Alte Meister*", entfährt dem damaligen Kulturminister Herbert Moritz und ehemaligen Vorgesetzten Thomas Bernhards beim demokratischen Volksblatt jener unsägliche Satz, der ihn überleben wird, nämlich dass Bernhard ein Fall für die Wissenschaft sei, aber nicht nur für die Literaturwissenschaft. Moritz leitet damit eine der meistdiskutierten Affären um Thomas Bernhard ein, indem diese Aussage als Empfehlung interpretiert wird, unliebsame Autoren einer psychiatrischen Behandlung zu unterziehen.[2]

In einem Detail sollte Moritz aber auch Recht behalten, Anhänger verschiedenster Wissenschaften haben sich über Thomas Bernhards Texte, sein Leben, sein Werk und seine Wirkung hergemacht und sind seiner Faszination erlegen. So wie der Protagonist in Günter Steineggers Erzählung „*Verwirrungen*"[3] dem Autor Bernhard erliegt und in der Psychiatrie landet, so entdecke ich nun in der „*entgegengesetzten Richtung*" als Psychiater und Psychotherapeut Thomas Bernhard und ergötze und freue mich an dieser reichhaltigen Schatztruhe und Quelle, die sich mir öffnet.

Die Biographie des Kindes, des Jugendlichen, des Mannes Thomas Bernhard ist unglaublich, durchsetzt von alldem, was Menschen verletzen, irritieren, kränken und zerstören kann. Doch ein tapferer Überlebenswille liegt hinter dem Hass und der Zerstörungswut und Liebesfähigkeit und Energie pulsieren und lassen ihn beben und arbeiten, provozieren und ärgern, kränken und faszinieren, polarisieren und aufregen. Gehasst und/oder geliebt, so bleiben Tote lebendig.

Ja – Thomas Bernhard ist (auch) ein Fall für die Psychiatrie und Psychotherapie, aber nicht um ihn zu diagnostizieren und zu schubladisieren, sondern um ihn aus dem Wissen um die Psychodynamik aller zutiefst verletzten Menschen heraus, ehrfürchtig und voller Bewun-

---

[2] Manfred Mittermayer: Thomas Bernhard. 2006. 32 und 70.

[3] Günter Steinegger: Verwirrungen. In: Vereinsamungen. 2011.

derung zu begegnen, hat er doch für sich und für die Menschheit einen kreativen Weg gefunden, seine dramatische Biographie zu bewältigen *und* Weltliteratur zu schaffen.

AM TONHOF –
LIEBE, KUNST UND HASS

„… noch auf dem Weg in die Gentzgasse habe ich mir die ganze Zeit gesagt, ich bin gegen diesen Besuch in der Gentzgasse, ich bin gegen die Auersbergerischen, ich bin gegen alle diese Leute, die an diesem Abendessen teilnehmen, ich hasse sie, ich hasse sie alle und bin doch immer weiter in die Gentzgasse hineingegangen und habe schließlich an der Auersbergerischen Wohnungstür geläutet."[4]

Der bereits erwähnte Tonhof, ein altes Verwaltungsgebäude in gotischem Stil mit großer Parkanlage in Maria Saal bei Klagenfurt, den Maja Lampersberg (geborene Weis-Ostborn) im Jahr 1954 anlässlich ihrer Hochzeit mit Gerhard Lampersberg (eigentlich Lampersberger) erbt, wird ab den späten 50er Jahren zu einem Treffpunkt der Kärntner aber auch österreichischen Kulturszene.

„Das ist ein altes Haus, das meiner väterlichen Familie gehört hat, schon so hundertfünfzig Jahre ungefähr, und ist ein mittelalterliches Gemäuer und steht in Maria Saal. Wir haben uns eingerichtet, gerade damals, wie wir jung verheiratet waren und konnten also dann auch Menschen zu uns holen, weil wir in dem großen Vorzug gelebt haben, etwas Platz zu haben. Und dann waren sie eben viel bei uns. Und da gibt es sehr viele schöne Briefe auch."[5]

Verschiedenste Künstler, teilweise noch unbekannt, teilweise schon oder nie bekannt, genießen die Sommer an diesem idyllischen Ort. Es gehören zum losen Künstlerkreis am Tonhof neben vielen ande-

---

[4] Thomas Bernhard: Holzfällen. 2012. 79 f.
[5] Maja Lampersperg: Gespräch mit Christine Wigotschnig am 9.9.1987. Audioarchiv des Musil-Instituts. In: Fabjan Hafner, Arno Russegger: Die Idee vom Tonhof muss ein Märchen bleiben. Nachwort in: Christine Lavant: Briefe an Maja und Gerhard Lampersberg. 2003. 153.

ren die Komponisten Friedrich Cerha, Ivan Eröd, Erst Kölz und Anestis Logothetis, die bildenden Künstler Caroline, Jürgen Leskowa, Fritz Riedl, Viktor Rogy, Sepp Schmölzer und Joanna (sic) Thul, die Theatermacher Bibiane Zeller und Herbert Wochinz, die Literaten H. C. Artmann, Wolfgang Bauer, Thomas Bernhard, Konrad Bayer, Jeannie Ebner, Josef Winkler, Peter Turrini, Gert Jonke, Erna Wobik und, als eine der ersten, Christine Lavant.[6] Die Künstler empfehlen sich gegenseitig. Thomas Bernhard stiftet im Jahr 1957 die Freundschaft zwischen Christine Lavant, die er selbst anlässlich der „Wochen österreichischer Dichtung" im Jahr 1955 kennengelernt hat, und den Lampersbergs.

„Witzigerweise über den Thomas Bernhard. Der sagte, er kenne die Christine Lavant. Da sind wir zu ihr gefahren, und wir sind bei ihr angekommen, und ich schau hin, und ich schau sie an, und es war wie eine Offenbarung, einfach: eine Freundschaft für das ganze Leben." [7]

Man lebt dort im Tonhof, komponiert, singt, diskutiert, liest, schreibt, inszeniert sich und diverse Aufführungen, die die ländliche Bevölkerung teilweise auch zutiefst irritieren. Einen Einblick in das mitunter exzentrische Treiben dieser Künstlergemeinschaft am Tonhof gibt Peter Turrini in seinem im Jahr 2006 veröffentlichten Drama „Bei Einbruch der Dunkelheit":

„Durch das Gartentor kommt der Komponist, der sich „Philippe" (Gerhard Lampersberg, Anm. des Autors) *nennt und den sie im Dorf den verrückten Grafen nennen. Er liegt in einem himmelblauen Sarg, der von vier Dorfjungen getragen wird. Auf seinem Bauch liegt ein batteriebetriebener*

---

[6] Fabjan Hafner, Arno Russegger: Die Idee vom Tonhof muss ein Märchen bleiben. Nachwort in: Christine Lavant: Briefe an Maja und Gerhard Lampersberg. 2003. 153-161.

[7] Gerhard Lampersberg: Gespräch mit Christine Wigotschnig am 9.9.1987. Audioarchiv des Musil-Instituts. In: Fabjan Hafner, Arno Russegger: Die Idee vom Tonhof muss ein Märchen bleiben. Nachwort in: Christine Lavant: Briefe an Maja und Gerhard Lampersberg. 2003. 154.

Plattenspieler, aus dem der Schlager „Marmor, Stein und Eisen bricht" erklingt."[8]

Auch Thomas Bernhard war mit dem Mäzenatenpaar, dem Komponisten Gerhard Lampersberg (1928-2002) und der Sängerin Maja Lampersberg (1919-2010) innig befreundet. Ein erster Besuch datiert auf den Juli 1957[9]. Thomas Bernhard lebt zuerst in den ehemaligen Wohnräumen der Lampersberg im Schloss Pichlern, einem zweigeschossigen Barockbau nahe Klagenfurt, eine Wegstunde vom Tonhof entfernt. Aus dem regelmäßigen Besucher wird schließlich mit wenigen Unterbrechungen in den Jahren 1957 bis 1960 ein Bewohner des Tonhofs. Die Widmung an Lampersberg in *„In hora mortis",* einem Lyrikband aus dem Jahr 1958, gilt dem *„einzigen und wirklichen Freund".* Einige gemeinsame Arbeiten sind bekannt. Ein Libretto *„rosen der einöde"* zur Musik vom Gerhard Lampersberg wurde 2002 in Gmunden wieder aufgeführt, ein unveröffentlichtes Typoskript, die Kurzoper *„Köpfe",* ist im Thomas-Bernhard-Archiv erhalten geblieben. Das Ehepaar finanziert auch Sonderdrucke früher Lyrik Bernhards im Klagenfurter Kleinmayr-Verlag: *„Die Irren - Die Häftlinge"* und *„Psalm".* Drei Kurzschauspiele *„Rosa; Die Erfundene und Frühling"* entstehen. Aufführungsort im Jahr 1960: der adaptierte und kürzlich revitalisierte Heustadel des Tonhof. Jeannie Ebner, im Buch Holzfällen als Jeannie Billroth zu identifizieren, schildert ihre Eindrücke:

„Am Tag der Aufführung sind von der Früh an die schönsten und elegantesten Wagen aus Wien gekommen. Ich erinnere mich an den amerikanischen Offizier Palmer und seine Frau Marga, die einen schicken weißen offenen Sportwagen fuhr. Und es waren Fritz Riedl und Joana Thul dort und eine Menge bildender Künstler aus dem Freundeskreis [...] Der ganze Dorfplatz, das ganze Dorf, bis zur Bundesstraße hinunter, alles war voll von parkenden Autos [...] Und dann war das eine glänzende Aufführung und ein Riesenerfolg."[10]

---

[8] Peter Turrini: Bei Einbruch der Dunkelheit. 2007. 9.
[9] Louis Huguet: Chronologie. 1996. 348.
[10] Louis Huguet: Chronologie. 1996. 358.

Fast drei Jahre währen Freundschaft, Zusammenarbeit und das vielleicht auch sexuelle Dreiecksverhältnis zwischen den sehr unterschiedlichen Menschen Thomas Bernhard und dem Ehepaar Lampersberg am Tonhof in Maria Saal und in deren Wohnung in Wien. Über die Ursachen des Bruchs zwischen ihnen gibt es viele Versionen, es geht vordergründig um Besitz- und Aufführungsrechte, dahinter aber um Kränkungen eines als hochgradig verletzlichen und bei Kritik um sich schlagenden, narzisstisch irritierbaren Thomas Bernhard.[11] Einem größeren Kreis wird diese turbulente Beziehung durch einen heftigen Konflikt bekannt, der zwischen dem Ehepaar Lampersberg und Thomas Bernhard viele Jahre später entbrennt. Thomas Bernhard veröffentlicht im Jahr 1984, wahrscheinlich auch motiviert durch den Suizid einer gemeinsamen Bekannten, der Tänzerin Joana Thul im Jahr 1976, die Erzählung „Holzfällen". Im Buch wird er am Wiener Graben vom Ehepaar Lampersberg angesprochen und zu einem „künstlerischen Abendessen" eingeladen. Er gibt, während er in der Wiener Wohnung des in der Erzählung Auersberger genannten Künstlerehepaares in der Gentzgasse in Wien im Ohrensessel sitzt und dem „künstlerischen Abendessen" beiwohnt, dessen Höhepunkt das (verspätete) Eintreffen eines Burgschauspielers ist, einen Einblick in seine frei assoziierend vorgetragenen und hochgradig ambivalenten Gedanken zum und Erinnerungen an das Ehepaar Lampersberg und die gemeinsame Zeit am Tonhof in Maria Zaal (sic) und den „künstlerischen Menschen" in deren Umfeld.

*„Dreißig Jahre ist es her, daß sie dich in die Falle gelockt haben und daß du in ihre Falle hineingegangen bist, dachte ich auf dem Ohrensessel. Dreißig Jahre ist es her, daß sie dich tagtäglich erniedrigt und daß du dich ihnen auf gemeine Weise unterworfen hast, dachte ich auf dem Ohrensessel, dreißig Jahre, daß du dich ihnen mehr oder weniger auf die niederträchtigste Weise **verkauft** hast. Dreißig Jahre, daß du ihnen den Narren gemacht hast, dachte ich auf dem Ohrensessel. Und genau sechsundzwanzig Jahre ist es her, daß du ihnen (im letzten Moment) entkommen bist."[12]*

---

[11] Manfred Mittermayer: Thomas Bernhard. Eine Biographie. 2015. 127 ff.
[12] Thomas Bernhard: Holzfällen. 2012. 21 f.

Der im Jahr 2014 verstorbene Kunsthistoriker, -kritiker und Autor Wieland Schmied, Freund und Kenner der Lampersbergs und Bernhards, analysiert diese zur Feindschaft mutierte Freundschaft in einem spannenden Essay.[13] Er weist in seiner Interpretation der Geschehnisse auf eine besondere Textpassage in *„Holzfällen"* hin:

*„Von ihren gutausgestatteten Küchen und ihren vollen Kellern und von ihren zehntausendbändigen Bibliotheken reden sie, und wir lassen uns beeindrucken und gehen in ihre Falle. Ihre Fischwässer erwähnen sie und ihre Mühlen und Sägewerke, nicht aber ihre Betten, und wir sind von ihnen beeindruckt und gehen in ihre Falle und in ihre Betten, dachte ich. Und da wir selbst mehr oder weniger an einem Ende angelangt sind, weil wir, wie ich damals Anfang der Fünfzigerjahre, nicht weiter wissen, lassen wir uns **auf das tiefste von ihnen beeindrucken** und gehen bereitwilligst in ihre Falle."*[14]

Hass, Ekel, Abscheu, Wut und heftige (Selbst-)Vorwürfe, die Bernhard selbst 30 Jahre nach der gemeinsamen Zeit am Tonhof immer wieder aufwallend und heftig erfassen, irritieren den Leser. Nicht umsonst lautet der Untertitel des Buches *„Eine Erregung"*. Woher kommen nun diese heftigen Affekte, die Thomas Bernhard zu solchen und noch heftigeren Tiraden hinreißen?

Zutiefst gekränkt und beleidigt erreicht Gerhard Lampersberg bei Gericht durch das Einbringen einer Ehrenbeleidigungsklage ein vorübergehendes Verbot und die Beschlagnahmung des Buches *„Holzfällen"*, allerdings nur in Österreich. Thomas Bernhard wiederum kontert mit einem Verkaufsverbot seiner Bücher bis 75 Jahre über seinen Tod hinaus. Später zieht Gerhard Lampersberg die Klage zurück. Im Dezember 1984 hebt das Oberlandesgericht Wien die Beschlagnahmung auf – einer der bekanntesten und größten Literaturskandale Österreichs.[15]

---

[13] Wieland Schmied: Auersbergers wahre Geschichte. 2014. 12 ff.
[14] Thomas Bernhard: Holzfällen. 2012. 158 f.
[15] Eva Schindlecker: „Holzfällen. Eine Erregung". Dokumentation eines österreichischen Literaturskandals. In: Wendelin Schmidt-Dengler, Martin Huber (Hg.): Statt Bernhard. Über Misanthropie im Werk Thomas Bernhards. Edition 1987. 13-39.

SCHWARZE PÄDAGOGIK – KASPAR HAUSER

„Gleich mit welchen Erziehungsmitteln und -methoden die neuen Menschen erzogen werden, sie werden mit der ganzen Unwissenheit und Gemeinheit und Unzurechnungsfähigkeit ihrer Erzieher, die immer nur *sogenannte Erzieher* sind und immer nur sogenannte Erzieher sein können, *zugrunde erzogen* schon in den ersten Lebenstagen und ersten Lebenswochen und ersten Lebensmonaten und ersten Lebensjahren, denn alles, was der neue Mensch in diesen ersten Tagen und Wochen und Monaten und Jahren *auf-* und *wahr*nimmt, ist er dann für sein ganzes künftiges Leben..."[16]

Was ist das nun für ein Mensch, der nicht nur das Ehepaar Lampersberg mit Hass überschüttet, sondern dessen Werk geprägt ist von heftigsten Wutausbrüchen und Attacken anderen Mäzenen, KünstlerkollegInnen, Zeitungen, Städten, dem Staat Österreich, der Lehrerschaft, den Haushälterinnen, den Ärzten gegenüber ... und der sich selbst so beschreibt: *„Ich bin kein guter Charakter. Ich bin ganz einfach kein guter Mensch."*[17] Und wie ist er zu dem geworden?

Dieser Hass ist immens, er wird durch das Schreiben sublimiert. *„Ich könnte auf dem Papier jemand umbringen"*, meint Thomas Bernhard[18], und er schreibe – sagt er in einem Interview mit Krista Fleischmann – mit *„Mördertinte"*. So ist sein literarisches Schaffen auch oft begleitet von Skandalen. Und er ist sicher einer der ganz wenigen Autoren, dessen Tiraden als *„Beispielstücke für die Boshaftigkeitskunst"* in einem eigenen Buch zusammengefasst erschienen sind.[19]

---

[16] Thomas Bernhard: Die Autobiographie. Die Ursache. 2014. 71.
[17] Thomas Bernhard: Wittgensteins Neffe. 1987. 149.
[18] Hans Höller: Thomas Bernhard. 2011. 15.
[19] Thomas Bernhard für Boshafte. 2014.

Sich als Psychiater und Psychotherapeut dieser Figur zu nähern ist nicht ganz einfach, macht Thomas Bernhard doch im Buch „*Wittgensteins Neffe*" kein Geheimnis daraus, was er von der Berufsgruppe der Psychiater hält: „*Der psychiatrische Arzt ist der inkompetenteste und immer dem Lustmörder näher als seiner Wissenschaft ... Die psychiatrischen Ärzte sind die tatsächlichen Teufel unserer Zeit.*"[20]

Um Thomas Bernhard zumindest in Ansätzen zu verstehen ist ein Studium seiner fünfteiligen Autobiographie, besser seiner autobiographischen Erzählungen, bestehend aus den zwischen 1975 und 1982 im Salzburger Residenzverlag erschienenen Büchern „*Die Ursache; Der Keller; Der Atem; Die Kälte; Ein Kind*" unabdingbar. Kindheit und Jugend, primäre und sekundäre Sozialisation des Autors müssen als dramatisch und bedrückend beschrieben werden. Mehrere Umzüge, wiederholter Wechsel von Bezugspersonen, die Vaterlosigkeit, eine emotional karge und erschreckend lieblose Welt geprägt von emotionaler Vernachlässigung und körperlicher Gewalt werden hier beschrieben.

Der Junge gibt sich über Jahre, vor allem nach dem Umzug nach Traunstein in Deutschland und damit Trennung von den Großeltern, innerlich vereinsamt und Außenseiter, ausgeliefert einer erniedrigenden *schwarzen Pädagogik*[21] und Hänseleien seiner Mitschüler, weniger depressiv als vielmehr konfrontiert mit einer nachvollziehbaren Hoffnungslosigkeit schon als Kind Suizidfantasien hin. Zwei Suizidversuche im Alter von 8 bzw. 10 Jahren sind eruierbar.[22] Der Großvater dokumentiert in seinen Tagebüchern einen weiteren Suizidversuch seines Enkels im August des Jahres 1945.[23]

Die angesprochene schwarze Pädagogik ist eine Haltung, eine Ideologie, die das schwache, bedürftige Kind verachtet und verfolgt. Sie unterdrückt das Lebendige, Kreative, Emotionale im Kind. Die Mit-

---

[20] Thomas Bernhard: Wittgensteins Neffe. 1987. 14 f.
[21] Katharina Rutschky: Schwarze Pädagogik. Ullstein. 1977.
[22] André Müller im Gespräch mit Thomas Bernhard. 1992. 56 f.
[23] Hans Höller: Thomas Bernhard. 2011. 33.

tel dieser Unterdrückung des Kindlich-Lebendigen – im Buch „*Ein Kind*" rührend dargestellt durch einen impulsiven aber in einem Desaster endenden Radausflug – sind vielfältig: Fallen stellen, Lügen, Listanwendung, Verschleierung, Manipulation, Ängstigung, Liebesentzug, Isolierung, Misstrauen, Demütigung, Verachtung, Spott, Beschämung, Gewaltanwendung ... also alles Dinge, die der Erzieher praktiziert, gleichzeitig er aber dem Kind, noch bevor sie in ihm entstanden sind, schon austreiben will.[24] Die Mutter beschimpft ihren ledig geborenen, ersten Sohn, schlägt und entwertet ihn unentwegt.

*„Bei der geringsten Gelegenheit griff sie zum Ochsenziemer. Da mich die körperliche Züchtigung letzten Endes immer unbeeindruckt gelassen hat, was ihr niemals entgangen war, versuchte sie mich mit den fürchterlichsten Sätzen in die Knie zu zwingen, sie verletzte jedes Mal meine Seele zutiefst, wenn sie **Du hast mir noch gefehlt** oder **Du bist mein ganzes Unglück, dich soll der Teufel holen! Du hast mein Leben zerstört! Du bist an allem schuld! Du bist mein Tod. Du bist ein Nichts, ich schäme mich deiner. Du bist so ein Nichtsnutz wie dein Vater. Du bist nichts wert. Du Unfriedenstifter. Du Lügner!** sagte.*[25]

Das trifft Thomas Bernhard, auch wenn er weiß, dass die Beschimpfungen (auch) dem Vater gelten, der die Mutter mit Kind im Stich gelassen hat.

„So war die Liebe meiner Mutter zu mir, dem unehelichen Kind, immer von dem Haß gegen den Vater dieses Kindes unterdrückt, sie konnte sich niemals frei und in der größten Natürlichkeit entfalten".[26]

Alois Zuckerstätter heißt der Vater, ein Tischlergeselle, der nichts von Heirat wissen will, seine Vaterschaft bestreitet und mitunter auch untergetaucht zuletzt in Deutschland lebt. 1938 versuchen Herta Bernhard und ihr Mann Emil Fabjan, Vormund und Stiefvater Thomas Bernhards, über einen Vaterschaftstest Alois Zuckerstätter zur Verantwortung zu ziehen, die Mutter erhält schließlich eine klei-

---

[24] Alice Miller: Am Anfang war Erziehung. 1983. 76.
[25] Thomas Bernhard: Die Autobiographie. Ein Kind. 2014. 483.
[26] Thomas Bernhard: Die Autobiographie. Ein Kind. 2014. 484.

ne monatliche Summe.[27] Alois Zuckerstätter suizidiert sich im November 1940, er hinterlässt eine Frau, die sich bereits zuvor von ihm scheiden lässt und eine Tochter. Thomas Bernhard lernt seine Halbschwester nie kennen.[28] Auch von einem in Vorarlberg lebenden Halbbruder weiß er nichts.[29] Thomas Bernhards spätere eigene zaghafte Recherchen bezüglich seines Vaters beschreibt er in der Erzählung *„Die Kälte"*.[30] Thomas Bernhard findet den Vater seines Vaters und erhält von dem einige vage Hinweise, aber auch ein Foto. Aufgeregt zeigt der 14-Jährige es der Mutter.

„Die Unvorsichtigkeit, ihr die Fotografie meines Vaters zu zeigen, war Grund genug gewesen, mir dieses Foto aus der Hand zu reißen und es in den Ofen zu werfen. Nie mehr nach dieser Auseinandersetzung, die ich als eine der schlimmsten in meinem Leben in Erinnerung habe, hatte ich zuhause meinen Vater erwähnt."[31]

Schwarze Pädagogik erlebt das Kind Thomas Bernhard aber nicht nur zu Hause sondern erst recht in der Schule. Hier hat er es – außer im Unterricht von Marianne Müllner noch in Seekirchen bei den Großeltern – mit „Lehrern" zu tun, die ihn demütigen, entmutigen, kränken, schlagen und erniedrigen. Die Bücher *„Ein Kind"*, *„Die Kälte"* und *„Die Ursache"* sind Zeugnisse dieser beklemmenden pädagogischen Haltung, die ähnlich bedrückend zu lesen sind wie andere bekannte literarische Bearbeitungen dieser Atmosphäre der *„schwarzen Pädagogik"*: *„Der Schüler Gerber"* (Torberg 1930) oder *„Unterm Rad"* (Hesse 1906).

Nicht nur Bernhards Schulleistungen werden ab dem zweiten Schuljahr in Seekirchen und der Übersiedelung seiner von ihm verehrten Lehrerin Marianne Müllner nach Wien und erst recht in Traunstein in Bayern schlechter und seine Depressivität immer ausgeprägter,

---

[27] Manfred Mittermayer: Thomas Bernhard. 2006. 16.
[28] Hans Höller: Thomas Bernhard. 2011. 26 f.
[29] Manfred Mittermayer: Thomas Bernhard. Eine Biographie. 2015. 51.
[30] Thomas Bernhard: Die Autobiographie. Die Kälte. 2014. 400 ff.
[31] Thomas Bernhard: Die Autobiographie. Die Kälte. 2014. 403.

sondern er entwickelt wohl auch genau jene Charakterzüge, die ihm seine Mutter und Lehrer mit den Mitteln der schwarzen Pädagogik auszutreiben versuchen, wohin man ihn aber in seiner Not, um letzte Autonomie zu bewahren, auch drängt. Schwarze Pädagogik treibt das Kind zu jenem Verhalten, das sie mit ihren Methoden verhindern möchte. Thomas Bernhard lügt, er ist Bettnässer, begeht Diebstähle, er schwänzt die Schule und wird schließlich nach Intervention einer Amtsärztin über einige Monate in ein nationalsozialistisches Heim für schwer erziehbare Kinder nach Saalfeld/Thüringen in Deutschland geschickt. In Louis Huguets Chronologie findet sich eine prägnante Zusammenfassung jener für Thomas Bernhard zweifellos sehr schwierigen Zeit:

"Demnach wäre der Saalfelder Aufenthalt des 1931 geborenen Thomas Bernhard Ende 1941 bis Anfang 1942, mithin nach der Geburt von Peter (1938) und Susanne Fabjan (1940) anzusetzen. Das würde den Zusammenhang zwischen der Geburt der Geschwisterrivalen, der emotionalen Erschütterung des „allein gelassenen" Kindes, dem Bettnässen und dem Aufenthalt in der Besserungsanstalt bestätigen. Auch kleine Diebstähle, die Thomas Bernhard beging, würden die Verschickung des Kindes nach Saalfeld erklären. Zudem, war Thomas Bernhard noch in Traunstein ein Raufbold und wurde „der Schläger" genannt. Er war auch ein Einzelgänger."[32]

Im Heim Steigerwald in Saalfeld wiederholen sich Kränkungen, Bloßstellungen, Erniedrigungen. Thomas Bernhard ist neuerlich mit dem gesamten Repertoire der schwarzen Pädagogik konfrontiert. Daraus erklärt sich auch seine Isolation und Einsamkeit, die er bereits in diesen ersten Jahren seines Lebens durchmacht. Friedrich Koch nennt nun diese Isolation und Vereinsamung inmitten der Gesellschaft den *Kaspar-Hauser-Effekt*, ein Resultat der „schwarzen Pädagogik".

"Am Ende dieses Prozesses steht die Ausgliederung. Sowohl die negative Konsequenz dieser Erziehung als auch die - im Sinne ihrer Vollstrecker - positive Entwicklung des Kindes haben eines gemeinsam: Sie führen beide zur Desintegration. Die Erziehungszwänge lassen den Menschen unbehaust, weil sie

---

[32] Louis Huguet: Chronologie. 1996. 227.

ihm den Weg zu einer Selbstfindung versperren. Das Ergebnis dieses Erziehungsvorgangs ist die Einsamkeit, sowohl die des vordergründig Angepaßten als auch die desjenigen, der sich den Anforderungen widersetzt hat. Das ist der Kern dessen, was der Kaspar-Hauser-Effekt beschreibt. Er meint nicht die räumliche Ausstoßung des Kindes, sondern seine erzieherisch bedingte Vereinsamung inmitten der Gesellschaft." [33]

Das trifft wohl auf Bernhards Biographie zu: ein vereinsamter Mensch inmitten der Gesellschaft. Ein moderner Kaspar Hauser[34]. Ob Thomas Bernhard die Bücher von Alice Miller – *Das Drama des begabten Kindes (1979); Am Anfang war Erziehung (1980); Du sollst nicht merken (1981)* – gelesen hat, wie ihm Erich Fried im Jahr 1983 in einem Artikel in der Wochenpresse empfahl, kann ich nicht sagen.[35]

---

[33] Friedrich Koch: Der Kaspar Hauser Effekt. 1995. 72 f.
[34] Herwig Oberlerchner: Der Kaspar Hauser Mythos. 1999.
[35] Manfred Mittermayer: Thomas Bernhard. 2006. 63.

ERSTE WOCHEN –
VERZWEIFLUNG, DEPRESSION UND WUT

„Immerhin kann ich sagen, daß ich mein erstes Lebensjahr, die ersten Tage abgerechnet, ausschließlich auf dem Meer verbracht habe, nicht *am* Meer sondern *auf dem* Meer, was mir immer wieder zu denken gibt und in allem und jedem, das mich betrifft von Bedeutung ist."[36]

Um Thomas Bernhards komplexe Persönlichkeit aber wirklich zu verstehen und einer vertiefenden psychodynamischen Untersuchung zu unterziehen, reicht die schwarze Pädagogik als Erklärungsansatz nicht aus. Wir müssen tiefer gehen – auch wenn wir heute schon recht gut wissen, welche verheerenden Auswirkungen Phänomene wie Mobbing, Bossing und Bullying und inadäquate Erziehungsstile geprägt von kombinierter Gewalt auf die reifende kindliche Psyche haben.

Thomas Bernhards erste Lebensmonate liefern weitere Spuren. Herta Bernhard wird im Frühjahr 1930 – vermutlich aufgrund einer Vergewaltigung durch Alois Zuckerstätter – schwanger. Vielleicht um sich und ihren Eltern im Heimatdorf Henndorf die Schande der Geburt eines unehelichen Kindes zu ersparen, vermutlich aber vor allem aus wirtschaftlichen Gründen, zieht sie nach missglückten Abtreibungsversuchen auf Empfehlung der Freundin Aloisia Ferstl nach Holland und arbeitet dort zuerst als Köchin. Ihre Versuche auch für den Vater ihres Kindes eine Arbeit in Holland zu finden scheitern. Später wird sie in der Entbindungsanstalt von Heerlen, spezialisiert auf die Betreuung lediger Mütter und gleichzeitig Säuglingsschwesternschule, aufgenommen. Am 9. Februar 1931 wird ihr Sohn geboren, am 10. Februar auf den Namen Nicolaus (Nicolaas) Thomas ge-

---

[36] Thomas Bernhard: Die Autobiographie. Ein Kind. 2014. 499.

tauft. Bis 7. Mai 1931 bleiben Herta Bernhard und ihr Sohn im Durchgangshaus in Heerlen. Bis zum 24. Mai 1931, der Aufnahme des Babys im Kinderheim Bergsteyn in Hilligersberg nahe Rotterdam, ist der Bub auf verschiedenen Pflegeplätzen untergebracht, Mutter und Kind ziehen wiederholt um, ein wohlhabendes Paar bietet sogar die Adoption an. Schließlich verliert Herta Bernhard wieder die Arbeit, sie bringt ihren Sohn in eine billigere Unterkunft, einem Fischkutter im Hafen von Rotterdam unter. Im September 1931 bringt sie schließlich den Sohn zu ihren Eltern nach Wien, Herta Bernhard ist vom Jänner bis Mitte Mai 1932 wieder in Holland.

Eine prägnante Zusammenfassung dieser für Mutter und Kind dramatischen Zeit findet sich in der aktuellsten Biographie über Thomas Bernhard.[37]

Wie so oft in seinen Büchern stellt Bernhard biographische Ereignisse verändert dar, und doch entspricht diese Version wohl seinem Empfinden und der affektiven Komponente seiner Erinnerung.

„*Da sie (die Mutter, Anm. des Autors) nicht ihren Lebensunterhalt verdienen und gleichzeitig bei mir sein konnte, mußte sie sich von mir trennen. Die Lösung war ein im Hafen von Rotterdam liegender Fischkutter, auf welchem die Frau des Fischers Pflegekinder in Hängematten unter Deck hatte, sieben bis acht Pflegekinder hingen an der Holzdecke des Fischkutters und wurden jeweils nach Wunsch der ein- oder zweimal wöchentlich erscheinenden Mutter von der Decke heruntergelassen und hergezeigt. Ich hätte jedesmal jämmerlich geschrien und mein Gesicht sei, solange ich auf dem Fischkutter gewesen sei, von Furunkeln übersät und verunstaltet gewesen, da, wo die Hängematten hingen, seien ein unglaublicher Gestank und ein undurchdringlicher Dunst gewesen.*"[38]

Tatsache aber ist, dass Thomas Bernhard als Baby mit einem wiederholten Wechsel der Umgebung, schlimmer noch der Bezugspersonen und der Abwesenheit der Mutter konfrontiert war. Die Mutter besucht den Buben sei es im Kinderheim in Hilligersberg nördlich von

---

[37] Manfred Mittermayer: Thomas Bernhard. Eine Biographie. 2015. 29 ff.
[38] Thomas Bernhard: Die Autobiographie. Ein Kind. 2014. 498.

Rotterdam – die Besuchszeit ist auf 20 Minuten begrenzt – oder auf dem Fischkutter nur selten und kurz. Dieses Deprivationstrauma, diese Einsamkeit der ersten Monate und der damit in Zusammenhang zu vermutende Mangel an affektiver Zufuhr kann zur anaklitischen Depression, einer frühkindlichen Form des Hospitalismus führen. In seinem Buch aus dem Jahre 1965 *„Vom Säugling zum Kleinkind"* beschreibt der Psychoanalytiker Rene Spitz seine Forschungsergebnisse.

Spitz beobachtet in den 50er und 60er Jahren Kinder in Säuglingsheimen und Findelhäusern, in denen Kinder zwar sauber und ordentlich betreut werden, genug Nahrung bekommen, aber in den ersten Lebensmonaten Phasen durchleben, in denen es zu einem partiellen oder totalen Entzug affektiver Zufuhr durch Fernbleiben der Mütter, anderer Bezugspersonen oder zu geringe emotionale Zuwendung durch die Betreuerinnen kommt. Die Folge der dauerhaften affektiven Vernachlässigung führt bei Kindern zu schwerwiegenden Beeinträchtigungen: zuerst werden die Kinder weinerlich, anspruchsvoll und anklammernd, später kommt es zu Gewichtsverlusten und einem Sistieren der Entwicklung. Schließlich verweigern die Kinder Kontakt, liegen im Bettchen auf dem Bauch, verlieren weiter an Gewicht, Schlafstörungen und eine motorische Verlangsamung sind zu beobachten, und schließlich entsteht ein spezifischer, starrer Gesichtsausdruck[39].

Das Heim, in dem Thomas Bernhard Anfang der 30er Jahre drei Monate verbringt, entspricht wohl den Heimen, die Rene Spitz beschreibt. Es ist ordentlich und streng geführt, in der kurzen Besuchszeit darf das Kind nicht aus dem Gitterbett genommen werden.

„Am 11. Juni 1931 schreibt sie (Herta Bernhard, Anm. des Autors) *an ihren Vater, sie besuche Thomas jeden Sonntag um die Mittagszeit. Er sei nun „wieder rein und sauber", in dem Raum seien noch sechs Wiegen. Allerdings sei die Besuchszeit eingeschränkt: „länger als zwanzig Minuten kann man nicht bleiben, auch darf man das Kind nicht aus der Wiege*

---

[39] Rene Spitz: Vom Säugling zum Kleinkind. 1965.

nehmen, also nur ansehen", oft sei es schwer, man dürfe keinen Gefühlen nachgeben, es hindert am Vorwärtskommen", beschreibt Manfred Mittermayer diese schwierige Situation.[40]

Herta Bernhard bemerkt traurig, dass ihr Sohn sie schließlich fremd und vorwurfsvoll anstarrt. Dieser Zustand ist jedoch reversibel, wenn die Kinder wieder in Kontakt mit ihrem Liebesobjekt, zum Beispiel der Mutter, kommen. Oder – wie im Falle Bernhards – andere Bezugspersonen sich seiner annehmen: Großmutter Anna Bernhard und Großvater Johannes Freumbichler.

Zuvor aber verbringt Thomas Bernhard wirklich einige Woche als Pflegekind auf einem Fischkutter.[41] Das bringt den Minister Piffl-Percevic in einer schlecht vorbereiteten Rede anlässlich der Verleihung des kleinen Österreichischen Staatspreises für Literatur im Jahr 1967 dazu, Thomas Bernhard als einen in Holland geborenen Ausländer zu bezeichnen, der nun schon einige Zeit unter Österreichern lebe. Thomas Bernhard bebt, zwingt sich zur Ruhe.

„Ich fragte mich noch während der Ministeransprache, ob es nicht doch besser gewesen wäre, nicht herzukommen. Aber diese Frage hatte jetzt keinen realen Sinn mehr. Ich saß da und konnte mich nicht bewegen, ich konnte nicht einfach aufspringen und dem Minister ins Gesicht sagen, daß Unsinn sei und Lüge, was er sagt. Das konnte ich nicht, ich war von unsichtbaren Gurten an meinen Sessel geschnallt, zur Bewegungslosigkeit verurteilt."[42]

Thomas Bernhard – bereits aufgrund weiterer falscher und kränkender Aussagen hochgradig erzürnt – kontert mit einer kurzfristig vorbereiteten Rede, die zu einem heftigen Skandal führt. Der Minister bedroht Thomas Bernhard und verlässt schimpfend den Saal, schmettert die Tür zu.

---

[40] Manfred Mittermayer: Thomas Bernhard. Eine Biographie. 2015. 33.
[41] Louis Huguet: Chronologie. 1996. 191.
[42] Thomas Bernhard: Meine Preise. 2014. 80 f.

DER GROSSVATER – VATERERSATZ, LEHRER, TYRANN

„Die Aussichtslosigkeit, mir die Kunst des Geigenspiels beizubringen, und es war wohl doch der Wunsch meines Großvaters gewesen, aus mir einen Künstler zu machen, daß ich *ein künstlerischer Mensch* gewesen war, diese Tatsache hatte ihn zum Ziel verleiten müssen, *aus mir einen Künstler* zu machen, und er hatte mit der ganzen Liebe für den auch ihm zeitlebens nur in Liebe verbundenen Enkel immer alles versucht, aus mir einen Künstler zu machen, aus dem künstlerischen Menschen einen Künstler ..."[43]

Anna Bernhard (1878-1965), die Großmutter Thomas Bernhards mütterlicherseits, verlässt ihren ersten Mann und ihre zwei Söhne nach schwieriger Ehe und zieht 1904 mit Johannes Freumbichler (1881-1949) nach Basel. Das Leben ist unstet und schwierig. Johannes Freumbichler, ein eigenbrötlerischer, versponnener, depressiver Mensch, gibt sich ganz dem Schreiben hin und muss von seiner Mutter, seiner Frau und später seiner Tochter, der Mutter Thomas Bernhards, – das Paar hat drei gemeinsame Kinder – beim Lebensunterhalt unterstützt werden. Seine Schriftstellerkarriere bleibt, obwohl er ein umfangreiches Werk schafft, fast durchwegs erfolglos. Für ein Werk allerdings „*Philomena Ellenhub*"[44], das mit Unterstützung von Carl Zuckmayer im Jahr 1936 im Zsolnay Verlag erscheint, erhält er im Jahr 1937 den österreichischen Staatspreis. Danach kann er weitere Bücher veröffentlichen und wird im März 1943 in die nationalsozialistische Reichsschrifttumskammer aufgenommen.[45]

---

[43] Thomas Bernhard: Die Autobiographie. Die Ursache. 2014. 45.
[44] Johannes Freumbichler: Philomena Ellenhub. 2009.
[45] Manfred Mittermayer: Thomas Bernhard. Eine Biographie. 2015. 54.

Bei diesen Großeltern lebt nun Thomas Bernhard von 1931 bis Anfang 1935 in Wien, anschließend in Seekirchen am Wallersee in Salzburg bis zum bereits erwähnten Umzug nach Traunstein in Bayern als Achtjähriger. Einige angenehme Assoziationen und Bilder zur Zeit in Wien erinnert Thomas Bernhard im Buch „*Ein Kind*", die noch glücklichere Zeit aber dürfte – wenn auch getrennt von der Mutter und recht armselig hausend – die erste Zeit in Seekirchen gewesen sein. Die Großmutter findet Arbeit am Hippinghof, der kleine Thomas ist oft am Hof, freundet sich mit dem älteren der beiden Söhne – dem Hippinger Hansi, alias Johannes Fink – an, genießt den Kontakt zu den vielen Angestellten, den Familienanschluss, die von Fleiß, Ordnung und harter Arbeit geprägte Atmosphäre.

Im ersten Schuljahr in Seekirchen – der Schulbeginn datiert auf den 10. September 1936 – blüht Thomas Bernhard auf, gefördert von einer von ihm geliebten, auch weil schönen Lehrerin namens Marianne Müller.

„Dieses erste Jahr brachte mir, was das Wissen betraf nichts Neues, aber ich kostete es zum erstenmal in meinem Leben aus, in einer Gemeinschaft der Erste zu sein. Es war ein Hochgefühl. Ich genoß es".[46]

Im zweiten Jahr hat er aber einen Lehrer, dem er nichts recht machen kann, der ihn erniedrigt und schlägt und ihm sukzessive und konsequent jedes Interesse am Unterricht austreibt.

Soweit die Erinnerung in Bernhards biographischer Schrift, tatsächlich wird er vor der Hilfslehrerin Müller von mehreren Lehrern, danach von einer Frau Johanna Sprengseis unterrichtet.[47,48] Thomas Bernhard findet in der Meinung des Großvaters über Lehrer Bestätigung und Trost. *„Mein Großvater hatte gesagt, daß die Lehrer Idioten seien, arme Schlucker, stumpfsinnige Banausen ...".* [49]

---

[46] Thomas Bernhard: Die Autobiographie. Ein Kind. 2014. 522.
[47] Louis Huguet: Chronologie. 1996. 211.
[48] Manfred Mittermayer: Thomas Bernhard, Eine Biographie. 2015. 43.
[49] Thomas Bernhard: Die Autobiographie. Ein Kind. 2014. 522.

An viele und lange Spaziergänge mit diesem Großvater erinnert sich Thomas Bernhard, er lauscht – selbst hat er dabei Redeverbot – den Monologen des im Dorf eher skeptisch betrachteten Großvaters, in denen er dem Enkel Tiere und Pflanzen erklärt und über Literatur, Philosophie und andere Wissenschaften redet. Er vermittelt dem Enkel neben Wissen, auch ein Weltbild geprägt von Depressivität, Enttäuschung und Verbitterung. Der Großvater wird zum Vaterersatz, Thomas Bernhard liebt ihn, identifiziert sich mit ihm, er wird wie er zum Schriftsteller, er wird wie er lungenkrank, er findet analog zu ihm eine treu ergebene und bedingungslos an ihn glaubende Frau in der Gestalt seines um 36 Jahre älteren *„Lebensmenschen"*, Hedwig Stavianicek. Er wird wie der Großvater zum grantelnden, ständig die Welt und das eigene Schicksal beklagenden, schrulligen Kauz, zum Misanthrop, zum von der Umgebung misstrauisch beäugten Literaten. Zumindest entspricht das dem in der Öffentlichkeit bestehenden Bild von Thomas Bernhard. Dass Thomas Bernhard aber auch ein witziger, extrovertierter, humorvoller und sehr spontaner Mensch sein konnte, bestätigen Zeitzeugen wie Rudolf Brändle, Karl Hennetmaier und ist auch den Interviews von Krista Fleischmann zu entnehmen.[50] Es gibt viele Parallelen zwischen Thomas Bernhard und seinem Großvater. Diesen Mann liebt der Enkel, nur der kann ihn trösten, zuhören, aufrichten, Geborgenheit und Stabilität vermitteln, ein Vater sein, so der erste Eindruck.

Das Verhältnis zum Großvater muss aber ein viel schwierigeres, hochgradig ambivalentes gewesen sein. Im auch als autobiographisch zu wertenden Roman *„Die Billigesser"* geht Bernhard auf Details dieser Beziehung ein. Hier wird die Hauptfigur Koller beschrieben, ein cholerischer Mann, nach Amputation mit einem Stock gehend, gewaltbereit, furchteinflößend, der seinem Gegenüber keinen Raum gibt.

„Er hatte eine Zeitlang über seine Physiognomie geredet und dann abrupt die Unterhaltung, die natürlich nurmehr noch daraus bestanden hatte, daß er allein auf mich einredete und ich zu schweigen hatte, abgebrochen, wie

---

[50] Krista Fleischmann: Thomas Bernhard - Eine Erinnerung. 1992.

immer rücksichtslos, ohne sich um mich zu kümmern. Er drehte sich dann einfach um und ging weiter. Er hatte es nicht einmal der Mühe wert gefunden, ein Abschiedswort zu sagen. Ich war es schon gewohnt gewesen, auf diese Weise von ihm mißhandelt zu werden.[51]

„*Ich habe es oft erlebt, daß er Leute tätlich angegriffen hat, die ihm den Gehorsam verweigerten, auch mich hat er mehrere Male mit dem Krückstock geschlagen. Ich hatte mir das aber immer gefallen lassen, weil ich ihn kannte und weil ich ihm helfen hatte wollen, aus seinem Zustand, der naturgemäß immer ein Krankheitszustand gewesen war, herauszukommen.*"[52]

Herta Bernhard heiratet am 18. August 1936 den Friseurgehilfen Emil Fabjan, dieser wird dadurch zum Vormund von Thomas Bernhard. Zuerst lebt das Paar noch in Wien, später, am 7. September 1937, übersiedeln die beiden nach Traunstein, wo Emil Fabjan eine Arbeit als Friseur findet. Ab Ende Dezember 1937 lebt auch Thomas Bernhard dort. In Traunstein kommen auch Bernhards Halbgeschwister Peter (geb. am 15. April 1938) und Susanne (geb. am 10. Juni 1940) zur Welt. Die Trennung von den Großeltern, die Erziehungsmethoden der Mutter und Lehrer, das Außenseitertum in der Schule und wohl noch andere Faktoren führen zu jener schweren Entwicklungskrise, die bereits beschrieben wurde und ihn nach Saalfeld führt. Aber immerhin ein Lichtblick und Trost in dieser schweren Zeit: die Großeltern ziehen ein Jahr später – im Frühling 1939 – ins nahe gelegene Ettendorf.

Beim Biographen Hans Höller ab Herbst 1943 – bei Louis Huguet und Manfred Mittermayer ab April 1944 – besucht Thomas Bernhard die Hauptschule in Salzburg und wohnt im selben der Schule angegliederten Internat, in dem Jahre zuvor Großvater Johannes Freumbichler lebte. Im Herbst 1944 wird Salzburg wiederholt bombardiert, erst nach dem dritten Bombardement holt ihn die Großmutter nach Traunstein. Er pendelt nun mit dem Zug zur Schule.

---

[51] Thomas Bernhard: Die Billigesser. 1988. 64 f.
[52] Thomas Bernhard: Die Billigesser. 1988. 110.

Das Internat in Salzburg wird schwer beschädigt, aber auch Traunstein wird Ziel von Luftangriffen.

Ab dem Herbst 1945 lebt Thomas Bernhard wieder im notdürftig renovierten Internat. Der Großvater hat bereits während der Jahre in Traunstein viele Pläne mit dem Enkel. Seine eigenen unerfüllten Träume will er im Enkel verwirklicht sehen, er bezahlt Geigen-, Zeichen-, Mal- und Sprachunterricht. Er besucht nun auf Drängen des Großvaters das Bundesgymnasium. Dieses Verhalten des Großvaters erlebt Thomas Bernhard als nicht nachvollziehbar, weil inkonsequent, er hinterfragt es und opponiert schließlich.

Dazu ein paar Auszüge aus *„Die Ursache"*: *„ ... und ich hätte niemals in das Gymnasium eintreten sollen, aber es war der Wunsch meines Großvaters gewesen, und diesen Wunsch hatte ich erfüllen wollen, und tatsächlich hatte ich zuerst alle meine Kräfte zusammengenommen, um meinem Großvater, nicht mir, der ich diesen Wunsch nie gehabt habe, diesen Wunsch zu erfüllen, lieber wäre ich in eine der vielen Arbeitsmühlen meiner Verwandten gegangen als in das Gymnasium, aber ich war natürlich dem Wunsch meines Großvaters gefolgt, ich hatte nicht das Gefühl, nur auf dem Umweg über das Gymnasium etwas werden zu können, wie es, ganz gegen sein Denken, aufeinmal mein Großvater gehabt hat ...".*

*„Gerade mein Großvater hätte wissen müssen, daß er selbst mich für eine solche Schule als Lebensschule untauglich gemacht hatte unter seiner Anleitung, wie hätte ich mich jetzt aufeinmal in einem solchen Gymnasium zurechtfinden können, wenn doch Tatsache gewesen war, daß ich in der Schule meines Großvaters mein ganzes bisheriges Leben genau und mit größter Aufmerksamkeit seinerseits **gegen** alle konventionellen Schulen erzogen worden war".*

„... aber der plötzliche Bruch im Denken meines Großvaters, daß aufeinmal doch eine sogenannte höhere Schule für mich notwendig sei, hatte in mir dann doch viel und zu Zeiten beinahe alles zerstört gehabt."[53]

---

[53] Thomas Bernhard: Die Autobiographie. Die Ursache. 2014. 104 ff.

Und weiter in „*Der Keller*": „*Er hatte etwas zwingen wollen mit mir, was nicht zu zwingen gewesen war. Im Grunde war eingetreten, was eintreten hatte müssen, das Gymnasium hatte sich in mir ad absurdum geführt, und schuld an meinem Studierunglück war mein Großvater gewesen, der mich das Alleinsein gelehrt hatte bis zum Exzeß, aber vom Alleinsein und Abgeschiedensein kann kein Mensch leben, im Alleinsein und Abgeschiedensein geht er zugrunde, muß er zugrunde gehen, die Gesellschaft als tödliche Umwelt bestätigt, wovon ich spreche. Ich mußte mich, wollte ich nicht zugrunde gehen, trennen auch von jenem Menschen, der für mich alles gewesen war, also mußte ich mich von allem trennen, und ich trennte mich von allem von einem Augenblick auf den andern, die Konsequenzen waren mir nicht bewußt gewesen, die Trennung musste vollzogen sein.*"[54]

Dieser Ablösungsprozess von jenem geliebten Menschen, dessen Meinung und Urteil Gesetz war, muss ein schwerer und leidvoller gewesen sein. Ob dieser Ambivalenzkonflikt ein Auslöser für Thomas Bernhards Suizidversuch im August 1945 gewesen ist, ist anzunehmen. Es ging tatsächlich um Leben und Tod.

„*Als Gymnasiast wäre ich erdrückt und getötet worden, als Kaufmannslehrling in der Scherzhausersfeldsiedlung und unter der Aufsicht und unter der Ordnung des Karl Podlaha überlebte ich*",[55] schreibt Bernhard dramatisch.

Tatsächlich entscheidet sich Thomas Bernhard an einem Morgen im April 1947 den gewohnten Schulweg zu verlassen, wohl auch gedrängt durch seinen Stiefvater, der gegen eine neuerliche Wiederholung der zweiten Klasse des Gymnasiums ist und durch ökonomische Gründe. Er geht ins Arbeitsamt und bittet um die Vermittlung einer Adresse für eine Lehrstelle in der „*entgegengesetzten Richtung*" zu seinem Gymnasium. Insgesamt einundzwanzigmal verwendet Thomas Bernhard im Buch „*Der Keller*" den Begriff der „*entgegengesetzten Richtung*" und unterstreicht damit wohl auch die subjektive Wichtigkeit seiner Entscheidung den erwarteten Weg des Großvaters zu verlassen und in

---

[54] Thomas Bernhard: Die Autobiographie. Der Keller. 2014. 171.
[55] Thomas Bernhard: Die Autobiographie. Der Keller. 2014. 174 f.

eine Lehre zu gehen.⁵⁶ Damit gibt er seinem Leben eine neue Richtung, weg von den „*Geistesvernichtungsanstalten*"⁵⁷ und findet in seinem Lehrherrn Karl Podlaha eine neue Identifikationsfigur, die den Großvater ablöst. Ein völlig neuer, glücklicher Lebensabschnitt beginnt: „*Hier war ich nicht zur Lern- und Denkmaschine gemacht, hier konnte ich sein, wie ich war*".⁵⁸

„*Dazu war ich aufgeschlossen allen gegenüber, und meine Fröhlichkeit, die ich in den Keller mitgebracht hatte, war ansteckend, woher diese plötzliche Fähigkeit, fröhlich zu sein und mit dieser Fröhlichkeit die anderen anzustecken kam, weiß ich nicht, sie war immer schon in mir, jetzt hatte sie freien Lauf, sie war nicht erstickt gewesen. Viele kamen in das Geschäft, also in den Keller, um mit mir zu lachen.*"⁵⁹

Karl Podlaha selbst spielt mehrere Instrumente, wollte ursprünglich Musiker werde, hatte die Kapellmeisterprüfung und leitete kurz eine Jazzkapelle, bleibt aber Krämer. Er ist Besitzer jenes im Keller angesiedelten Kolonialladens, der Treffpunkt, Einkaufsmöglichkeit, Informationsbörse für die Leute der Scherzhauserfeldsiedlung war. Podlaha bleibt bezüglich der Umsetzung seiner Träume, Hoffnungen und Lebensziele aber wohl ähnlich erfolglos wie Thomas Bernhards Großvater.

„*Der Podlaha hatte sich von den Zerstörern seiner Hoffnungen nicht zerstören lassen, nicht wie mein Großvater, der tatsächlich von den Zerstörern seiner Hoffnungen zerstört worden war ... Der Podlaha hat als Lehrer die Lücken ausgefüllt, die mein Großvater offen gelassen hatte. Ich bin bei ihm in die Kaufmannslehre gegangen, aber das war nicht das Entscheidende, das ich bei ihm gelernt und von ihm profitiert habe. Er hatte mich jahrelang in die Menschenmöglichkeiten hineinschauen lassen, von welchen ich bis dahin keine Ahnung gehabt hatte, **in die anderen Menschenmöglichkeiten**.*"⁶⁰

---

[56] Manfred Mittermayer: Thomas Bernhard. 2006. 86.
[57] Thomas Bernhard: Die Autobiographie. Die Ursache. 2014. 92.
[58] Thomas Bernhard: Die Autobiographie. Der Keller. 2014. 206.
[59] Thomas Bernhard: Die Autobiographie. Der Keller. 2014. 179.
[60] Thomas Bernhard: Die Autobiographie. Der Keller. 2014. 195.

Nach Ausbruch seiner Lungenerkrankung muss Thomas Bernhard seine Arbeit bei Karl Podlaha beenden. Einen Besuch Podlahas im Krankenhaus erwähnt Thomas Bernhard, es gelingt ihm auch die Lehrabschlussprüfung zu machen. Und schließlich schwelgt er wehmütig in Erinnerungen, als er Jahre später durch das verrostete Gitter einen Blick ins Geschäft wirft.

IM INTERNAT: KATHOLIZISMUS UND NATIONALSOZIALISMUS

„Beinahe vollkommene Übereinstimmung der Züchtigungsmethoden des nationalsozialistischen Regimes im Internat und des katholischen hatte ich feststellen können, hier, im katholischen Internat, hatte es wieder, wenn auch unter anderem Namen und nicht in Offiziers- oder SA-Stiefeln, sondern in solchen schwarzen Stiefeletten der Geistlichkeit und nicht im grauen oder braunen, sondern im schwarzen Rock und nicht immer mit glänzenden Schulterbändern, sondern in dem mit Papierkrägen ausgestatteten Präfekten, einen Grünkranz gegeben, wie der Grünkranz der Naziära schon der Präfekt gewesen war."[61]

In der autobiographischen Erzählung *„Die Ursache"* beschreibt Thomas Bernhard die Atmosphäre in jenem von Nationalsozialisten geführten Internat.

*„Das Internat ist dem Neueingetretenen ein raffiniert gegen ihn und also gegen seine Existenz entworfener, **niederträchtig gegen seinen Geist** gebauter Kerker, in welchem der Direktor (Grünkranz) und seine Gehilfen (Aufseher) alle und alles beherrschen und in welchem nur der absolute Gehorsam und also die absolute Unterordnung der Zöglinge, also der Schwachen unter die Starken (Grünkranz und seine Gehilfen), und nur die Antwortlosigkeit und die Dunkelhaft zulässig sind. Das Internat als Kerker bedeutet zunehmend Strafverschärfung, und vollkommene Aussichts- und Hoffnungslosigkeit".*[62]

Wieder Erniedrigung und Demütigung, wieder schwarze Pädagogik, wieder Suizidalität.

---

[61] Thomas Bernhard: Die Autobiographie. Die Ursache. 2014. 82.
[62] Thomas Bernhard: Die Autobiographie. Die Ursache. 2014. 14.

Ende 1944 wird Salzburg bombardiert, immer wieder muss der Schüler Bernhard in die Luftschutzstollen, erblickt dort die *„ganze ausgehungerte und bleiche Todesgesellschaft"*, wird selbst zweimal wegen Sauerstoffmangel bewusstlos geworden hinausgetragen, er erinnert eine abgerissene Kinderhand, die mit Leintüchern zugedeckten Toten, die verzweifelten Stimmen der Angehörigen und den Geruch von verbranntem Tier- und Menschenfleisch. An normalen Unterricht ist nicht zu denken, auch wenn die Heimleitung den Zerfall des Reiches zu verleugnen und Normalität zu heucheln trachtet, immer wieder wird der Alltag durch Vorwarnungen, Bombenalarm und die Angriffe unterbrochen, die Stadt ist nach jedem Angriff mehr zerstört. Thomas Bernhard geht zum Nachhilfeunterricht zum Haus seiner Englischlehrerin, die *„Frau aus Hannover"* liegt unter den Trümmern begraben.

„Aber in Träumen war ich noch jahrelang sehr oft von Alarmsirenen aufgeweckt und aufgeschreckt worden, von dem Schreien der Frauen und Kinder in den Stollen, von dem Brummen und Dröhnen der Flugzeuge in der Luft, von ungeheuerlichen, die ganze Erde erschütternden Detonationen und Explosionen".[63]

Thomas Bernhards Biographie ist durchsetzt von seelischen Traumata. Dieser Begriff wird zwar in der Psychiatrie und Psychotherapie derzeit inflationär verwendet, denn nicht jeder Verlust, jede Überforderung und jede Belastung ist ein Trauma. Es geht bei diesem Begriff um schwerste seelische Verletzungen, verbunden mit Gefühlen von Ohnmacht, intensivster Angst und Hilflosigkeit, die außerhalb des bisher Erlebten liegen und eine extreme Überforderung aller bisher erlernten, erprobten und vorhandenen Bewältigungs- und Anpassungsstrategien bedeuten. Das Vertrauen in die Welt geht verloren, das Individuum erlebt sich als verletzt und massiv bedroht, das Selbstbild ist erschüttert.

Verschiedenste Traumata – und viele Ereignisse in Bernhards Biographie entsprechen der oben angebotenen Definition – werden unter-

---

[63] Thomas Bernhard: Die Autobiographie. Die Ursache. 2014. 81.

schieden, Thomas Bernhards Biographie ist durchsetzt von interpersonellen Traumata, die zum Teil wiederholt auftreten. Die Traumata durch die entwertenden Erziehungsstile, die emotionale Vernachlässigung und die körperliche Gewalt wurden bereits erwähnt.

Thomas Bernhards Kriegserlebnisse – den Schrecken des Krieges und der permanenten Lebensbedrohung ausgeliefert zu sein ohne emotionalen Rückhalt – sind weitere schwere Traumata. Hinweise auf Symptome einer Traumafolgeerkrankung im Sinne einer posttraumatischen Belastungsstörung sind in seinen Schriften leicht, wenn auch verstreut zu finden. Er berichtet über intrusive Symptome (plötzlich auftretende schreckliche Erinnerungen meist im Sinne von Bildern), über Hyperreagibilität mit Alarmstimmung, Schreckhaftigkeit und Alpträumen sowie konstriktive Symptome wie Vermeidungsverhalten und soziale Rückzugstendenz, Eigenschaften, die ihn sein ganzes Leben begleiten.

Noch zuvor – 1943 – widerfährt Thomas Bernhard ein weiteres, bereits erwähntes traumatisches Erlebnis.[64] Er sitzt nach Intervention der nationalsozialistischen Fürsorgeärztin Dr. Popp im Zug ins nationalsozialistische Erziehungsheim „Steigerwald". Er und seine Familie glauben, es gehe nach Saalfelden in Salzburg, die Familie sichert Besuche zu. Doch im Zug erfährt der bereits total eingeschüchterte und aufgelöste 11-Jährige es geht nach Saalfeld in Thüringen und das auf unbestimmte Zeit.

Thomas Bernhard wird also nach dem dritten Bombardement der Stadt am 17.11.1944 von der Großmutter nach Hause geholt. Aber auch in Traunstein erlebt er die Schrecken des Krieges. Das Internat in der Schrannengasse besucht er erst wieder ab dem September 1945, nun wird es wieder Joanneum genannt und wie vor dem Anschluss katholisch geführt. Ein Übergang im Äußeren, im Inneren ein Kontinuum, wie Bernhard in „*Die Ursache*" in zwei der intensivsten Passagen des Buches beschreibt:

---

[64] Manfred Mittermayer: Thomas Bernhard. 2006. 17.

„Im Inneren des Internats hatte ich keine auffallenden Veränderungen feststellen können, aber aus dem sogenannten Tagraum, in welchem wir in Nationalsozialismus erzogen worden waren, war jetzt die Kapelle geworden, anstelle des Vortragspultes, an welchem der Grünkranz vor Kriegsschluß gestanden war und uns großdeutsch belehrt hatte, war jetzt der Altar, und wo das Hitlerbild an der Wand war, hing jetzt ein großes Kreuz, und anstelle des Klaviers, das, von Grünkranz gespielt, unsere nationalsozialistischen Lieder wie **Die Fahne hoch** *oder* **Es zittern die morschen Knochen** *begleitet hatte, stand jetzt ein Harmonium."*[65]

An die Stelle des Direktor Grünkranz ist ein Onkel Franz genannter katholischer Geistlicher, Franz Wesenauer, der spätere Stadtpfarrer von Salzburg, getreten. Nach Erscheinen des Buches „Die Ursache" im Jahr 1976 reicht Franz Wesenauer eine Ehrenbeleidigungsklage gegen Thomas Bernhard ein.

Thomas Bernhard reagiert sein weiteres Leben immer äußerst sensibel auf alles, was ihn im weitesten Sinn an den Nationalsozialismus erinnert. Mit Schrecken und Abscheu erinnert er sich an das Aufziehen der Hakenkreuzfahne und das Heil Hitler Geschrei im Heim für schwer erziehbare Kinder in Deutschland, an die Aufmärsche der braunen Massen, die Wehrertüchtigungsspiele beim Jungvolk, die Erziehungsmethoden des Direktor Grünkranz und seiner Schergen, das Exerzieren und den Krieg und das Elend, den diese Ideologie über die Menschheit brachte. Umzüge und Aufmärsche auch von Musikkapellen sind für ihn später unerträglich, stoßen ihn ab, erinnern sie ihn doch an den Krieg und das Militär.

Feinsinnig analysiert er das offene oder subtile Fortbestehen der nationalsozialistischen Ideologie.

„So waren wir im Internat und in dem, wie Salzburg in Hellsicht bezeichnet wird, **Deutschen Rom** *zuerst im Namen Adolf Hitlers zugrunde und tagtäglich zu Tode erzogen worden und dann nach dem Krieg im Namen von Jesus Christus, und der Nationalsozialismus hatte die gleiche verheeren-*

---

[65] Thomas Bernhard: Die Autobiographie. Die Ursache. 2014. 75 f.

de Wirkung auf alle diese jungen Menschen gehabt wie jetzt der Katholizismus."[66]

Letzte, scharfe Höhepunkte dieser Kritik am noch immer bestehenden Nationalsozialismus in Österreich finden wir im letzten (veröffentlichten) Roman Thomas Bernhards *„Auslöschung"* und im Stück *„Der Heldenplatz"*, das kurz vor seinem Tod – etwas über 50 Jahre nach dem „Anschluss Österreichs" – uraufgeführt wird.

Und ein weiteres Trauma erfährt der nun bereits fast 18-Jährige: den Ausbruch einer unmittelbar lebensbedrohlichen Lungenerkrankung, verbunden mit einem wochenlangen Aufenthalt im Sterbezimmer des Salzburger Landeskrankenhauses und weiteren Aufenthalten in Lungenheilstätten. Diese Monate beschreibt Bernhard in den beiden autobiographischen Erzählungen *„Der Atem"* und *„Die Kälte"*. Genau zu jener Zeit sterben der Großvater (11. Februar 1949) und wenige Monate später die Mutter (13. Oktober 1950), gerade zu einem Zeitpunkt, als es zu ersten liebe- und verständnisvollen Begegnungen zwischen Mutter und Sohn gekommen war.

Die Familie, auch die Großeltern und Onkel Farald – Bruder der Mutter Thomas Bernhards – leben seit April 1946 in einer gemeinsamen Wohnung. 8 Personen in einer Dreizimmerwohnung, Thomas Bernhard lebt im Vorzimmer. Er besucht die Berufsschule und – auf Initiative des Großvaters, der unabbringbar an das künstlerische Talent seines Enkels glaubt – hat auch wieder Privatunterricht: Gesangsunterricht und Musiktheorie beim Ehepaar Keldorfer in der Salzburger Pfeifergasse. Im dritten Lehrjahr (Herbst 1948) entlädt Thomas Bernhard an seinem Arbeitsplatz in der Scherzhauserfeldsiedlung mehrere Tonnen Erdäpfel im Schneetreiben. Er erkältet sich, hat über Wochen Fieber, geht aber schließlich wieder arbeiten, was in eine schwere, fast tödliche Lungenerkrankung einmündet.

---

[66] Thomas Bernhard: Die Autobiographie. Die Ursache. 2014. 85.

TUBERKULOSE IN DER TOTALEN INSTITUTION

„Alle Patienten waren ausnahmslos an Infusionen angehängt, und da aus der Entfernung die Schläuche wie Schnüre ausschauten, hatte ich immer den Eindruck, die in ihren Betten liegenden Patienten seien an Schnüren hängende, in diesen Betten liegengelassene Marionetten, die zum Großteil überhaupt nicht mehr, und wenn, dann nur noch selten, bewegt wurden ... Ein Marionettentheater, das, einerseits nach einem ausgeklügelten System, andererseits immer wieder auch vollkommen, wie mir vorgekommen war, willkürlich von den Ärzten und Schwestern bewegt worden war".[67]

Wochenlang verheimlicht Thomas Bernhard vor seiner Familie und dem Lehrherrn Podlaha seine immer schlechter werdende Verfassung. Von Fieber, Schmerzen und Ängsten geplagt, kann Thomas Bernhard schließlich nicht mehr arbeiten gehen. Seine Mutter und Großmutter meinen, es würde mit der Tatsache zusammenhängen, dass der Großvater zwei Tage zuvor an der Chirurgie aufgenommen wird und bezeichnen ihn als Simulanten. Am 17. Januar 1949 wird Thomas Bernhard nach einem Ohnmachtsanfall ins Salzburger Landeskrankenhaus eingeliefert. Die Diagnose lautet auf Pleuritis exsudativa, eine mit erheblicher Sekretabsonderung einhergehende Rippenfellentzündung. Bei der ersten Pleurapunktion kommt es zu einem kollaptischen Geschehen. Viele weitere dramatische Details von diesem Aufenthalt des schwer kranken 17-Jährigen beschreibt Bernhard später in seinem Buch *„Der Atem"*. Er sieht Mitpatienten in den 20-Betten-Zimmern sterben, er selbst erhält die letzte Ölung und findet sich im Sterbezimmer wieder, glaubt an seinen baldigen Tod. Die Schwestern – wohl konfrontiert mit einem kaum bewältig-

---

[67] Thomas Bernhard: Die Autobiographie. Der Atem. 2014. 274 f.

baren Arbeitspensum – bieten keinen emotionalen Kontakt, Erklärung und Aufklärung vonseiten der Ärzte ist nicht zu erwarten.

„Ich hatte ununterbrochen den Wunsch gehabt, mit meinen Ärzten zu sprechen, aber ausnahmslos haben sie niemals mit mir gesprochen, nicht die geringste Unterhaltung mit mir geführt."[68]

Der Großvater kommt regelmäßig – fast täglich – zu Besuch, tröstet ihn und baut ihn auf, auch von liebevollen Begegnungen mit der Mutter berichtet Thomas Bernhard. Plötzlich bleibt der Großvater weg, in der Zeitung des Nachbarn findet er Tage später die ganzseitige Todesanzeige. Die Familie erzählt ihm nichts um ihn nicht zu belasten. Thomas Bernhard ist erschüttert, aber der Trauer-, Ablösungs- und Entidealisierungsprozess kann weiter fortschreiten. Der Weg ist nun – bei allem Schmerz – frei für eine eigene schriftstellerische Karriere.

Die Beschreibung dieses Krankenhausaufenthaltes ist dramatisch, aber nicht alles wird sich wohl so abgespielt haben, wie es Bernhard beschreibt. Es gibt Diskrepanzen zwischen der subjektiven Wahrheit des traumatisierten Betroffenen, der schriftstellerischen Darstellungsfreiheit des Autors und der Sichtweise des Mediziners oder Historikers. Gerade bei so schmerzhaftem mit Ohnmacht, Todesangst und Hilflosigkeit einhergehendem Erleben treffen wir auf das Phänomen der *„traumatischen Gegenübertragung"*. Hier wird unter Abspaltung der emotionalen Erlebenskomponente des Betroffenen bei gleichzeitiger Empathieverweigerung rational und kühl recherchiert und argumentiert, der Text und das Erleben von Thomas Bernhard als medizinisch unplausibel und inkonsistent bezeichnet.[69]

Nach Besserung seines Zustandes wird Thomas Bernhard im März 1949 nach Großgmain überstellt. Hier ist Thomas Bernhard im ehemaligen Hotel Vötterl untergebracht, einem *„Erholungsheim für an den Atemorganen Erkrankte"*.

---

[68] Thomas Bernhard: Die Autobiographie. Der Atem. 2014. 288.
[69] Ralf Wettengel: Die Lungenkrankheit von Thomas Bernhard. 2010. 112.

Gegen Ende des Aufenthaltes eröffnet ihm seine Mutter, dass sie an Krebs erkrankt sei und eine Operation bevorstehe. Zwei Wochen nach der Entlassung aus Großgmain erhält Thomas Bernhard einen Einweisungsschein in die Lungenheilstätte Grafenhof, wo er vom 27. Juli 1949 bis zum 26. Februar 1950 betreut und als geheilt entlassen wird.

Offenbar handelte es sich um eine Maßnahme der Tuberkulosefürsorge. Ein aktueller Behandlungsgrund bestand nicht.[70]

Bei einer Nachuntersuchung wird ein Infiltrat festgestellt und Thomas Bernhard wird – nun wirklich an offener Tuberkulose erkrankt – vom 25. April bis zum 6. Juli 1950 neuerlich im Landeskrankenhaus Salzburg behandelt und anschließend vom 13. Juli 1950 bis 11. Januar 1951 wieder in Grafenhof. Hier beginnt er erste Gedichte zu schreiben.

Wie viele Behandlungsfehler bei Thomas Bernhard – übrigens mutmaßt er solche auch bei seinem Großvater, seiner Mutter und später seinem Onkel – passiert sind, müssen Kompetentere klären. Thomas Bernhard selbst äußert sich wiederholt sehr kritisch gegenüber den Ärzten und deren Entscheidungen. Zu hinterfragen sind die stationäre Betreuung in Großgmain, wo der noch geschwächte Thomas Bernhard mit an offener Tuberkulose Erkrankten Kontakt hat, die Verwechslung einer Sputumprobe im Labor in Grafenhof, die zu geringe Dosis der Antibiotikabehandlung, die Sinnhaftigkeit und Qualität der Durchführung invasiver Behandlungsmethoden wie Pneumothorax, Phrenicus-Quetschung und Anlegen eines Pneumoperitoneums ...

Zwei Jahre lang ist der junge Erwachsene also mit nur kurzen Unterbrechungen in stationärer Behandlung. Er erträgt diese Zeit durch das Eingehen zweier intensiver Freundschaften, durch die Lektüre der großväterlichen Bibliothek, aber vor allem durch akribische Beobachtung von Abläufen und Phänomenen in Gruppen.

---

[70] Ralf Wettengel: Die Lungenkrankheit von Thomas Bernhard. 2010. 112.

"Es war nicht meine erste Konfrontation mit einer größeren Menschengemeinschaft, ich kannte die Masse vom Internat her und von den Krankenhäusern, in welchen ich schon gewesen war, ich kannte ihren Geruch, ihren Lärm, ihre Absichten und ihre Ziele."[71]

Erving Goffman, ein bekannter Vertreter der Antipsychiatrie veröffentlicht im Jahr 1961 das Buch „*Asylums. Essays on the Social Situation of Mental Patients and other Inmates*", in dem er sich kritisch mit der „sozialen Situation psychiatrischer Patienten und anderer Insassen" beschäftigt und prägt den Begriff der „totalen Institution". Eine totale Institution – so Goffman – *„läßt sich als Wohn- und Arbeitsstätte einer Vielzahl ähnlich gestellter Individuen definieren, die für längere Zeit von der übrigen Gesellschaft abgeschnitten sind und miteinander ein abgeschlossenes formal reglementiertes Leben führen".*[72]

Es gibt besondere Charakteristika in diesen totalen Institutionen. Diese sind laut Goffman folgende:

1) *„Alle Angelegenheiten des Lebens finden an ein und derselben Stelle unter ein und derselben Autorität statt.*

2) *Die Mitglieder der Institution führen alle Phasen ihrer täglichen Arbeit in unmittelbarer Gesellschaft einer großen Gruppe Schicksalsgenossen aus, wobei allen die gleiche Behandlung zuteil wird und alle die gleiche Tätigkeit gemeinsam verrichten müssen.*

3) *Alle Phasen des Tages sind genau geplant, eine geht zu einem vorher bestimmten Zeitpunkt in die nächste über und die ganze Folge der Tätigkeiten wird von oben durch ein System expliziter formaler Regeln und durch einen Stab von Funktionären vorgeschrieben.*

4) *Die verschiedenen erzwungenen Tätigkeiten werden in einem rationalen Plan vereinigt, der angeblich dazu dient, die offiziellen Ziele der Institution zu erreichen."*[73]

---

[71] Thomas Bernhard: Die Autobiographie. Die Kälte. 2014. 372.
[72] Erving Goffman: Asyl. 1973. 11.
[73] Erving Goffman: Asyl. 17.

5) In diesen totalen Institutionen besteht eine fundamentale Trennung zwischen einer großen *„gemanagten"* Gruppe, treffend Insassen genannt auf der einen Seite und dem weniger zahlreichen Aufsichtspersonal auf der anderen[74].

6) Es herrscht eine stark eingeschränkte Transparenz in die Pläne des Stabes, die Insassen erhalten von den Plänen ihr Geschick betreffend keine Information.[75]

7) Totale Institutionen sind *„Treibhäuser, in denen unsere Gesellschaft versucht, den Charakter von Menschen zu verändern. Jede dieser Anstalten ist ein natürliches Experiment, welches beweist, was mit dem Ich des Menschen angestellt werden kann".*[76]

Wer Bernhards scharfsinnige Beobachtungen in *„Die Kälte"* aufmerksam liest, wird überrascht sein von den Übereinstimmungen zwischen Goffman und Bernhard. Alles ist reglementiert, das Abliefern des Sputums, das Waschen bis zu den Liegekuren, die Besuche, Kontaktverbote, Essenszeiten, Visiten, Kommunikationsverhalten. Bernhards Resümee als wiederholter Insasse von solchen totalen Institutionen (Krankenhäuser, Heilstätten Großgmain und Grafenhof, Internate und Schulen) ist - er amplifiziert es auf seine gesamte Lebenssituation - folgendes:

„Du bist ein Strafgefangener, sonst nichts. Wenn dir eingeredet wird, das sei nicht wahr, höre zu und schweige. Bedenke, daß du bei deiner Geburt zu lebenslänglicher Strafhaft verurteilt worden bist und daß deine Eltern schuld daran sind. Aber mache ihnen keine billigen Vorwürfe. Ob du willst oder nicht, du hast die Vorschriften, die in dieser Strafanstalt herrschen, haargenau zu befolgen. Befolgst du sie nicht, wird deine Strafhaft verschärft. Teile deine Strafhaft mit deinen Mithäftlingen, aber verbünde dich nie mit den Aufsehern."[77]

---

[74] Erving Goffman: Asyl. 1973. 18.
[75] Erving Goffman: Asyl. 1973. 20.
[76] Erving Goffman: Asyl. 1973. 23.
[77] Thomas Bernhard: Die Autobiographie. Die Kälte. 2014. 379.

Die Zeiten, in denen die institutionelle Betreuung Kranker den Charakteristika der totalen Institution entsprach, sind noch nicht allzu lange her. Zeiten, in denen nicht kommuniziert wird, der Patient dem Personal und den Regeln ausgeliefert ist und sein Verhalten auch über allfällige Vergünstigungen und Bevorzugungen gesteuert wird. Und natürlich erlebte Thomas Bernhard als Lungenkranker auch Stigmatisierung und Ausgrenzung.

1967 liegt Thomas Bernhard mit Sarkoidose im Pavillon Hermann auf der Baumgartnerhöhe, sein Freund Paul Wittgenstein im Pavillon Ludwig in der psychiatrischen Abteilung. Hier und später bei Besuchen macht Thomas Bernhard auch Beobachtungen den Umgang mit psychisch Kranken in jener Zeit betreffend.

„Möglichweise getraue ich mich später in einer anderen Schrift noch eine Beschreibung jener Zustände in der Geisteskrankenabteilung zu machen, deren Zeuge ich gewesen bin", kündigt er im Buch „Wittgensteins Neffe" – eigentlich auch eine autobiographische Erzählung – an.[78]

„Thomas Bernhard hat Wochen und Monate in Krankenhäusern und Heilstätten verbracht, war den geschilderten medizinischen Prozeduren tatsächlich ausgesetzt, hat das Elend der Kranken und die Hilflosigkeit der Ärzte in der Ära vor einer wirksamen Pharmokotherapie der Tuberkulose kennengelernt. Wir verdanken ihm eine authentische, plastische Schilderung des Milieus, die an den Zauberberg denken lässt."[79]

Auch den Tod der Mutter am 13. Oktober 1950 erfährt Thomas Bernhard während des Aufenthaltes in Grafenhof aus der Zeitung, die Angehörigen vergessen darauf, ihn zu verständigen. Peinlicherweise kommt es zu einem Druckfehler, nicht auf Herta Fabjan lautet die Todesanzeige sondern auf „Hertha Pabjan", was Thomas Bernhard in seiner Biographie zu „Herta Pavian" verändert und ihn beim Begräbnis zu Lachkrämpfen zwingt.

---

[78] Thomas Bernhard: Wittgensteins Neffe. 1987. 19.
[79] Ralf Wettengel: Die Lungenkrankheit von Thomas Bernhard. 2010. 114.

Durch seine Krankheit und die monatelangen Aufenthalte im Krankenhaus und in Heilstätten im Sinne der totalen Institutionen wird Thomas Bernhard aber nicht – dank seiner scharfsinnigen Analysefähigkeit – zur entindividualisierten Marionette, aber er wird völlig und wiederholt aus seinem bisherigen, zufriedenstellenden Lebenskontext gerissen, das „*ideale Dreieck*" bestehend aus Gesang, Musiktheorie und Kaufmannslehre wird abrupt zerstört.[80] Das Wiederaufnehmen des Lebensfadens gestaltet sich nach der Entlassung schwierig.

---

[80] Manfred Mittermayer: Thomas Bernhard. 2006. 23.

LEBENSMENSCH UND BINDUNG

„Aber in Wahrheit wäre ich auch ohne den Paul in diesen Tagen und Wochen und Monaten auf der Baumgartnerhöhe nicht alleine gewesen, denn ich hatte ja *meinen Lebensmenschen*, den nach dem Tod meines Großvaters entscheidenden für mich in Wien, meine Lebensfreundin, der ich nicht nur sehr viel, sondern, offen gesagt, seit dem Augenblick, in welchem sie vor über dreißig Jahren an meiner Seite aufgetaucht ist, mehr oder weniger alles verdanke. Ohne sie wäre ich überhaupt nicht mehr am Leben, und wäre ich jedenfalls niemals der, der ich heute bin, so verrückt und unglücklich, aber auch glücklich wie immer. Die Eingeweihten wissen, was alles sich hinter diesem Wort *Lebensmensch* verbirgt, von und aus welchem ich über dreißig Jahre meine Kraft und immer wieder mein Überleben bezogen habe, aus nichts sonst, das ist die Wahrheit."[81]

Ab dem 13. Juli 1950 befindet sich Thomas Bernhard wieder untergebracht in einem 12-Bett-Zimmer in der Lungenheilstätte Grafenhof in der Nähe von Schwarzach St. Veit im Pongau. Er freundet sich mit dem ebenfalls an Tuberkulose erkrankten späteren Dirigenten und Komponisten Rudolf Brändle an, mit dem er die Begeisterung für Musik teilt. Thomas Bernhard bittet ihn brieflich um seine Freundschaft. Brändle unterrichtet Bernhard, begleitet ihn auf der Dorforgel beim Singen und vertont, als Thomas Bernhard ihm gesteht Lyrik zu schreiben, seine Gedichte. Jahre später bringt Rudolf Brändle seine Sicht zum Aufenthalt in Grafenhof und zur Freundschaft mit Thomas Bernhard zu Papier.[82]

Anna Janka studierte Musik in Wien, kam, ebenfalls an Tuberkulose erkrankt, nach Grafenhof, bleibt danach dort und lebt in einem Zimmer im Armenhaus und auch im Pfarrhof, leitet den Kirchen-

---

[81] Thomas Bernhard: Wittgensteins Neffe. 1987. 30 f.
[82] Rudolf Brändle: Zeugenfreundschaft. 1999.

chor und ist bis 1970 die Dorforganistin. Auch sie musiziert mit Thomas Bernhard. Eine Bekannte von ihr, Hedwig Stavianicek, eine 56-jährige Ministerialratswitwe aus Wien, hört Thomas Bernhard am 27. Juli 1950[83] in der Kirche von Grafenhof erstmals singen, eine schicksalhafte Begegnung, aus der eine intensive, jahrelang währende Beziehung entsteht. Sie wird Thomas Bernhards Lebensmensch. Sie hilft ihm nach der Entlassung aus Grafenhof beim Zurückfinden ins Leben.

„Der Kranke, der monatelang von zuhause weg ist, kommt zurück als einer, dem alles fremd geworden ist und der sich nur nach und nach und auf das mühseligste mit allem wieder anfreunden muß, gleich, um was es sich handelt, es ist ihm in der Zwischenzeit tatsächlich verloren gegangen, jetzt muß er es wiederfinden. Und da der Kranke grundsätzlich immer alleingelassen ist, alles andere ist eine perverse Lüge, muß er sich schon um ganz und gar übermenschliche Kräfte bemühen, will er wieder da weitermachen können, wo er Monate oder, wie in meinem Falle schon mehrere Mal, gar Jahre vorher, aufgehört hat."[84]

Die ersten Jahre nach der Entlassung aus der Lungenheilstätte dürften für Thomas Bernhard nicht leicht gewesen sein.[85] Er bezieht eine kleine Fürsorgerente, hat noch regelmäßige Kontrollen beim Lungenfacharzt. Er trifft aber auf Förderer, die ihm einen Studienplatz in Wien, später Arbeit – Gerichtssaalreportagen und diverse Artikel – für das demokratische Volksblatt in Salzburg und andere Zeitungen vermitteln.[86] Er schreibt weiter Gedichte, macht Lesungen und publiziert. Die wiederholt aktiv betriebene Idee einer Karriere als Sänger scheitert, 1955 schreibt er sich an der Hochschule für Musik und darstellende Kunst in Salzburg, dem Mozarteum, ein, später beginnt er, ebenfalls in Salzburg, Schauspiel zu studieren. Vorübergehend hat er dort ein Zimmer im Johannes-Freumbichler-Weg 26. Zimmer und

---

[83] Manfred Mittermayer: Hedwig Stavianicek – Fakten und Fiktion. In: Thomas Bernhard und seine Lebensmenschen. Der Nachlaß. 2002. 182.
[84] Thomas Bernhard: Wittgensteins Neffe. 1987. 75 f.
[85] Manfred Mittermayer: Thomas Bernhard. 2006. 30 ff.
[86] Herbert Moritz: Lehrjahre. 1992.

Studium finanziert ihm Hedwig Stavianicek. Am 18. Juni 1957 besteht Thomas Bernhard die Bühnenreifeprüfung des Salzburger Schauspielseminars.

Bereits im Winter 1953 vertieft sich die Beziehung zur 36 Jahre älteren Hedwig Stavianicek. Sie unterstützt Thomas Bernhard in den nächsten Jahren finanziell.

„Ich hab' fünfzehn Jahre praktisch von meiner Tante gelebt. Die hat mir jeden Tag eine bestimmte Summe gegeben, ich glaub', das waren damals zehn Schilling, davon hab' ich sieben fünfzig bei der WÖK (Wiener öffentliche Küche, Anm. des Autors) *ausgegeben und zwei fünfzig im Kaffeehaus für einen kleinen Braunen, das hat mir genügt."*[87]

Er ist ab August 1957 in ihrer Wohnung in der Obkirchergasse in Wien gemeldet, es gibt erste gemeinsame Reisen, am wichtigsten ist für Thomas Bernhard jedoch die emotionale Unterstützung, die er durch seine Lebensgefährtin erfährt.

„Meine Mutter ist mit 46 Jahren gestorben. Ein Jahr vorher hatte ich meine Lebensgefährtin kennengelernt. Das war zuerst eine Freundschaft und dann eine ganz starke Bindung an einen viel älteren Menschen. Wo immer ich auch war in der Welt, war das der zentrale Punkt, aus dem ich eigentlich alles genommen habe. Ich wußte immer, dieser Mensch ist vollkommen für mich da, wenn es schwierig wird. Ich habe nur an ihn denken müssen, nicht einmal aufsuchen musste ich ihn, und es war dann schon in Ordnung."[88]

Und einen solchen Menschen braucht Thomas Bernhard dringend nicht nur aus aktuell biographischen Gründen sondern auch aufgrund der Bindungserfahrungen, die er in Kindheit und Jugend machte. John Bowlby – der Begründer der Bindungstheorie – versteht unter Bindung die Disposition eines Individuums, unter bedrohlichen, fremden Bedingungen (Unsicherheit, Krankheit, Einsamkeit) Nähe zu suchen und Kontakt herzustellen (Weinen, Anklammern, Lächeln, Hilfe suchen, Schreinen, Nachfolgen ...). Es

---

[87] André Müller im Gespräch mit Thomas Bernhard. 1992. 51 f.
[88] Thomas Bernhard im Gespräch mit Asta Scheib. Hier zitiert nach Manfred Mittermayer: Hedwig Stavianicek - Fakten und Fiktion. In: Thomas Bernhard und seine Lebensmenschen. Der Nachlaß. 2002. 201.

geht dabei um das Gefühl der Sicherheit spendenden Nähe, einem Wunsch nach Sicherheit. Es handelt sich nach Bowlby um ein eigenständiges, angeborenes Motivationssystem (neben Sexualität, Aggression), das durch Ergebnisse der Säuglingsforschung, Verhaltensforschung und die Psychoanalyse bestätigt wird.

Ein Kleinkind bindet sich an eine Person und durch die Reaktionen dieser Bindungsfigur auf seine Signale entsteht eine innere Präsentation von Bindung (internal working model). Es entstehen Subjektrepräsentanz, eine Objektrepräsentanz und Interaktionsrepräsentanz, also eine verinnerlichte Vorstellung von sich selbst, dem Gegenüber und der Beziehung zum Objekt. Diese verinnerlichte Repräsentanz von Bindung kann im Kleinkindalter durch die sogenannte „Fremde Situation" untersucht werden, einer Versuchsanordnung, in der insbesondere von der Kontaktwiederaufnahme nach Trennung auf die Beziehung zur Bezugsperson geschlossen wird und man grob zwischen sicherer und unsicherer Bindung unterscheidet. Weitere Subkategorien gibt es.

Die Entstehung dieser Bindungsmuster ist abhängig von der Feinfühligkeit (schnelles, angemessenes Reagieren auf kindliche Bedürfnisse) der Bezugspersonen, deren Verhaltensweisen bestimmen die Bindungsqualität der ersten Monate. Ein Zusammenbruch der Bindungsrepräsentanz z. B. durch Traumata, Trennungserfahrungen, mangelnde Feinfühligkeit oder Verfügbarkeit der Bezugspersonen gefährdet die innerpsychische Homöostase und gefährdet Reifungsschritte.

Diese Bindungsrepräsentanzen setzen sich im Erwachsenenalter fort und geben Auskunft über die Interaktionsgeschichte. Sie haben Einfluss auf das Sozialverhalten, Aufmerksamkeit, Phantasie und Kreativität, Aggression, Misstrauen, Nähe-Distanz, Ich-Stärke (Frustrationstoleranz) und vor allem auf die Beziehungsgestaltung. Insbesondere in Stresssituationen greifen Menschen aber auf alte Bindungsmuster zurück. Und allgemein: beim Auftreten zusätzlicher Belastungsfaktoren haben Menschen mit auf Unsicherheit beruhenden Bindungsrepräsentanzen ein höheres Risiko psychopathologisch relevante Probleme zu entwickeln.

Mit verschiedenen Methoden (Interviews, Fragebögen) kann man nun auf die verinnerlichte Bindungserfahrung beim Erwachsenen rückschließen. Bei *verstrickter Bindung* scheinen die nun Erwachsenen in heftigem Kampf mit der Vergangenheit. Die Wut, der Groll aus der Kindheit und das Bemühen es den Bezugspersonen noch immer recht zu machen, führt zu heftigen Affekten, impulsivem Verhalten, die Ambivalenzen sind extrem. Bei *distanzierter Bindungsrepräsentanz* pendeln die Betroffenen zwischen Idealisierung oder Entwertung. Es gibt große Erinnerungslücken, die Erinnerung an die Kindheit wird verdrängt, ist wenig detailreich, das Erlittene wird bagatellisiert.

Thomas Bernhards Biographie ist durchtränkt von Traumata, Trennungen, wechselnden Bezugspersonen, seine Bindung zu seinen ichbezogenen, schwachen, wenig einfühlsamen Bezugspersonen dürfte durchgehend hochgradig ambivalent oder beziehungsvermeidend (unsicher-ambivalente Bindung, unsicher-vermeidende Bindung) gewesen sein und entspricht der ungelöst-verstrickten Bindungsrepräsentanz im Erwachsenenalter. Die präokkupierte, verstrickte Bindungseinstellung (entangled-enmeshed) zeigen häufig Menschen, welche von den Erinnerungen an die eigene Kindheit flutartig überschüttet werden und permanent belastet sind. Die problematischen Interaktionen mit den Bindungspersonen sind unverarbeitet geblieben, sie pendeln zwischen Gefühlen wie Wut und Idealisierung, sind abhängig und sehnen sich nach Zuwendung und Nähe, was aber sofort wieder abgewehrt werden muss. Die Eltern oder andere Bezugspersonen können den Kindern keinen Schutz bieten, sie reagieren erst dann und plötzlich einfühlend, wenn Bedrohung und Furcht sehr groß sind. Die Kinder werden in Erwachsenenrollen gedrängt, eventuell als Partnerersatz missbraucht, was ein Abrücken und Verselbständigungs- und Reifungsprozesse erschwert. Die Entwicklung einer eigenständigen Identität wird behindert, weil das Kind sich nicht an der eigenen Gefühls- und Motivationslage orientieren kann, sondern permanent die Gefühlslage der Bindungsperson erfassen muss, um der Bindung nicht immer wieder verlustig zu werden. Die Kinder gehören oft zum unsicher-ambivalent gebundenen Typ und die Entwicklung ihrer Fähigkeit zur Mentalisierung wird behindert.

„Unter Mentalisierung versteht man - im weitesten Sinn - die Fähigkeit des Menschen über sich selbst und andere zu reflektieren. Man kann durch Mentalisierung eigenes Handeln und das Handeln anderer in einem bedeutungsvollen Zusammenhang mit mentalen Zuständen und Vorgängen sehen. Hinter dem Handeln können Intentionen und Motive erkannt und benannt werden wie Gefühle, Gedanken, Bedürfnisse, Wünsche, Sehnsüchte, Begründungen, Bedeutungen fußend auf der individuellen Lebenserfahrung und Biographie und über diese mentalen Zustände kann wiederum nachgedacht werden (Fähigkeit zur Metakognition) ... Mentalisierung bedeutet also eine Vorstellung zu besitzen, welche aktuellen oder auch zeitlich zurückliegenden Hintergründe und Ursachen für das eigene oder das Verhalten anderer vorliegen könnten. Persönliches Verhalten, das Verhalten des anderen und der interpersonale Anteil können so interpretiert werden. Mentalisieren gibt daher Orientierung und hilft bei der Kontrolle in der Interaktion mit anderen Menschen (vor allem in affektiv schwierigen Situationen), unterstützt in der eigenen Emotions- und Selbstregulation und ermöglicht größere emotionale und soziale Kompetenz (Stichwort: emotionale Intelligenz). Es ermöglicht Innehalten, Aufschieben und Nachdenken in affektiv aufgeladenen Situationen."[89]

Eine oft heftige Wut, die Neigung zu Entwertung und Anklage, bei gleichzeitiger Sehnsucht nach Nähe und dem Gesehenwerden zieht sich durch Thomas Bernhards Werk. Seine Protagonisten möchten das Gegenüber verstehen, ergründen, sehnen sich danach, die Gedanken und Gefühle des anderen zu erfassen. Doch ihre Mentalisierungskapazität reicht nicht aus.

Völlig klar, dass es gerade in Stresssituationen zum Beispiel bei Preisverleihungen, bei affektiv aufgeladenen Situationen vor Premieren oder sozial herausfordernden Situationen zu Skandalen und Konflikten und (Beinahe-) Dekompensation bei Thomas Bernhard kommt.

Einige Ausnahmen scheint es aber gegeben zu haben. Während ich glaube, dass die Beziehung zum Großvater auch eine sehr ambivalen-

---

[89] Herwig Oberlerchner: Mentalisierung und Gruppentherapie. In: SAP. Zeitschrift für Psychoanalyse. 2015.

te war und er vom Großvater als Selbst-Objekt missbraucht wurde, scheint seine Freundschaft zu Karl Ignaz Hennetmaier von echter Nähe und Zuneigung geprägt gewesen zu sein. Mit diesem Immobilienmakler, der ihm auch seine drei Häuser verkauft, verbindet Thomas Bernhard eine intensive Freundschaft, er setzt ihm in der Figur des Moritz im Roman „Ja"[90] ein literarisches Denkmal. Hennetmaier selbst zeichnet die Begegnungen, Ereignisse und gemeinsamen Unternehmungen des Jahres 1972 mit Thomas Bernhard akribisch auf und gibt so einen tiefen und intimen Einblick in diese Freundschaft aber auch in die Alltags- und Lebensgestaltung von Thomas Bernhard.[91]

Ganz besonders aber ist die Beziehung zwischen Thomas Bernhard und Hedwig Stavianicek. Die Beziehung zur wesentlich älteren „Tante", wie Thomas Bernhard sie zuerst nennt, währt viele Jahre. Hedwig Stavianicek, 1894 geboren, stammt aus der großbürgerlichen Wiener Familie Hofbauer. Sie ist Hilfspflegerin im ersten Weltkrieg, macht eine Ausbildung zur Säuglingsschwester, heiratet in zweiter Ehe den Arzt und Ministerialbeamten Franz Stavianicek, der 1944 verstirbt. An Tuberkulose erkrankt, ist Hedwig Stavianicek 1944 erstmals in der Lungenheilstätte in Grafenhof, wo sie Jahre später Thomas Bernhard kennenlernt.[92] Bis zu ihrem Tod im Jahr 1984 verbringen die beiden viel Zeit miteinander, sie fördert und unterstützt Thomas Bernhard, finanziert ihm seinen ersten Hauskauf, ermöglicht die notwendige stationäre Behandlung bei Ausbruch der Sarkoidose im Jahr 1967, begleitet ihn auf Reisen und zu Preisverleihungen. Sie darf in seinen Häusern wohnen, er wohnt bei ihr. Es gibt Krisen und Auseinandersetzungen.

---

[90] Thomas Bernhard: Ja. 1988.
[91] Karl Ignaz Hennetmaier: Ein Jahr mit Thomas Bernhard. Das versiegelte Tagebuch 1972. 2003.
[92] Ausführliche biographische Notizen finden sich in: Susanne Kuhn: Hedwig Stavianicek. Eine Dokumentation. Bilder und Dokumente zur Ausstellung, Ohlsdorf 1996. In: Die Rampe. Hefte für Literatur. Hg. von Manfred Mittermayer und in Thomas Bernhard und seine Lebensmenschen. Der Nachlaß. 2002.

Ingrid Bülau – eine enge Freundin aus der Studienzeit am Mozarteum – wird in der neuen Biographie von Manfred Mittermayer so zitiert: *"Bernhard sei ihr "nachdenklich und schüchtern" erschienen: "Er hat sich nicht getraut, engere Beziehungen einzugehen, das war bei ihm ganz ausgeschlossen." Deshalb habe er aus ihrer Sicht auch "nicht zärtlich sein" können. "Intimität war ihm vollkommen unmöglich. Das kam auch von seiner Erziehung, die war so körperfeindlich. Das war fast unmöglich für ihn. Er hat Freunde auch immer mit durchgestrecktem Arm begrüßt, also abweisend."*[93]

Einblicke in das schwierige Verhältnis zwischen Thomas Bernhard und den Frauen gibt neben der aktuellen Biographie von Manfred Mittermayer auch das Buch von Thomas Bernhards Nachbarn in Ohlsdorf, Johann Maxwald[94]. Sexualität, in welcher Form auch immer, ist in den Büchern von Thomas Bernhard bis auf wenige Ausnahmen kein Thema[95], sodass man sich auch von seinen Werken nur einen Rückschluss erlauben kann, dass Sexualität auch im Privatleben des Menschen Thomas Bernhard ein schwieriges und gemiedenes Thema gewesen sein muss. Der zurückhaltende, geheimnisvolle, abweisende Thomas Bernhard dürfte aber auf Frauen eine ganz besondere Anziehungskraft gehabt haben.[96]

Ob Hedwig Stavianicek und Thomas Bernhard auch ein Liebespaar sind, ob mit diesem Schicksal, dieser Psychodynamik, diesen Krankheiten reife Sexualität überhaupt möglich ist?

Als Hedwig Stavianicek schließlich im Jahr 1984 stirbt, trauert Thomas Bernhard sehr, seiner Trauer verleiht er literarisch Ausdruck im Buch *"Alte Meister"*. Thomas Bernhard wird am 16. Februar 1989 in ein Leinentuch gehüllt in jenem Grab beigesetzt, in dem auch Hedwig Stavianicek und ihr Mann begraben sind.

---

[93] Manfred Mittermayer: Thomas Bernhard. Eine Biographie. 2015. 114.
[94] Johann Maxwald: Thomas Bernhard. Mein eigentümlicher Nachbar. Verlag Austria Nostra. 2014.
[95] Thomas Bernhard: Ereignisse. 1994. 8 und 12.
[96] Manfred Mittermayer: Faszination Bernhard. In: Standard. 26.9.2015.

AUFLÖSUNG UND SCHIZOPHRENIE

„Wie doch alles zerbröckelt ist, wie sich doch alles aufgelöst hat, wie sich doch alle Anhaltspunkte aufgelöst haben, wie jede Festigkeit sich verflüchtigt hat, wie nichts mehr da ist, wie doch gar nichts mehr da ist, sehen Sie, wie aus den Religionen und aus den A-Religionen und aus den in die Länge gezogenen Lächerlichkeiten aller Gottesanschauungen nichts geworden ist, gar nichts, sehen Sie wie der Glaube sowie der Unglaube nicht mehr da sind, wie die Wissenschaft, die heutige Wissenschaft, wie der Stein des Anstoßes, das jahrtausendealte Vorgericht, alles hinausgeworfen, und hinauskomplimentiert und hinausgeblasen hat in die Luft, wie das alles jetzt Luft ist... Hören Sie: alles ist nur mehr Luft, alle Begriffe sind Luft, alle Anhaltspunkte sind Luft, alles ist nur mehr Luft..." Und er sagte: „Gefrorene Luft, alles ist nur mehr gefrorene Luft..."[97]

In seinen Romanen nimmt Thomas Bernhard durchgehend Bezug auf Orte, Begebenheiten und Menschen, die er kennt und die ihn beschäftigen. Ort der Handlung des im Jahr 1963 erscheinenden Romans *„Frost"* ist Weng, ein entlegener Ortsteil von Goldegg. Vorbild für die Hauptfigur, den Kunstmaler Strauch ist der im St. Veiter Armenhaus lebende Maler Rudolf Holz, den Thomas Bernhard bei seinen Besuchen bei Anna Janka kennenlernt. Thomas Bernhards Halbbruder Peter Fabjan ist gerade im Krankenhaus Schwarzach tätig. In jenem Krankenhaus famuliert auch der Ich-Erzähler. Er freundet sich mit dem Chirurgen und Assistenzarzt Strauch an, der ihm einen besonderen Auftrag erteilt. Im düsteren Ort Weng lebt sein Bruder, der Kunstmaler Strauch. Der hat sich dort bereits vor Jahren in einem Gasthof eingemietet, ebenso bereits vor Jahren seine letzten Bilder verbrannt und hat zu seiner Familie jeglichen Kontakt abgebrochen. Der letzte Brief in diesem vom Chirurgen als Feind-

---

[97] Thomas Bernhard: Frost. 1972. 162.

schaft beschriebenen Verhältnis liegt zwölf Jahre zurück. Der Chirurg beauftragt nun den Famulanten seinen Bruder inkognito zu besuchen und ihm *präzise* über dessen Befindlichkeit zu berichten, ein letzter Versuch der Wiederannäherung. Das tut der Famulant, indem er sich im selben Gasthaus in Weng einmietet, sich mit dem Kunstmaler in Gespräche vertieft, ihn auf seinen Spaziergängen begleitet und langsam und tief in seine Gedanken- und Gefühlswelt eintaucht. Der Famulant führt einerseits Tagebuchaufzeichnungen, andererseits richtet er sechs Briefe an seinen Auftraggeber. Am 27. Tag seiner Recherche reist der Famulant zurück und erfährt unmittelbar danach von der Abgängigkeit des Kunstmalers, Suizid ist anzunehmen.

Im Buch lernen wir Weng und seine Einwohner kennen, bestimmte Charaktere werden besonders herausgearbeitet, so die Wirtin, der Gendarm, der Wasenmeister, die Brotausträgerin, der Konditor, der Schnapsbrenner, der Ingenieur – ein großer Kraftwerksbau ist im Gange. Es gibt aber auch anonyme Gruppen, die Dorfbewohner, die Arbeiter, die Töchter. Wie in einem Theaterstück werden diese Charaktere vor den Vorhang geholt, kurz vorgestellt und wieder verabschiedet. Man kann sie als Nebendarsteller in dieser öden, bedrohlichen und lebensfeindlich kalten Frostwelt interpretieren aber auch als Teilpersönlichkeiten des Autors, als seine ego-states. So wie Carl Gustav Jung in die Traumdeutung die Subjektstufendeutung eingeführt hat, kann man im Roman die verschiedenen Figuren als Persönlichkeitsanteile eines verzweifelt um Einheit ringenden Subjekts sehen. In dieser traumartigen Darstellung gibt es noch zusätzlich Erzählungen von Träumen des Famulanten, die ein weiteres und noch tieferes Absinken ins Unbewusste ermöglichen. In diesem berührenden Roman gibt uns Thomas Bernhard wohl den intimsten Einblick in seine Gefühls- und Gedankenwelt.

Am ausführlichsten wird der Kunstmaler charakterisiert, der, so der Famulant, an der *„Krankheit der Auflösung"* leidet. Früher hätte der Kunstmaler noch am Dorfleben teilgenommen, Kontakte zur Außenwelt gepflegt, nun wird er zum immer skurriler wirkenden Eigenbrötler, der argwöhnisch beäugt oder als Spinner abgetan und belächelt wird.

Strauch berichtet über körperliche Missempfindungen, unerträgliche Kopf- mitunter auch Ganzkörperschmerzen, der Kopf sei riesig, drohe zu zerplatzen, eine ihn aussaugende und von Geschwulsten ausgehende Krankheit breite sich in seinem Körper aus. Er klagt über massive Schlafstörungen und Phasen innerer Unruhe, eine extreme Wahrnehmungsfilterstörung bis hin zur Reizüberflutung und bedrohlichen, akustischen Halluzinationen. Seine misstrauische Weltsicht steigert sich mitunter zu paranoider Realitätsverkennung. Stimmungsschwankungen, sozialer Rückzug, Suizidgedanken und ein grüblerisches Abdriften in eine immer weniger nachvollzieh- und verstehbare, bedrohliche und schwermütige Gedankenwelt intensivieren sich.

Der Kunstmaler – wie viele Protagonisten in Bernhards Büchern – ist ein besonders begabter aber gescheiterter oder scheiternder Mensch. Seine Sonderbegabung wird nicht erkannt, nicht geschätzt, oder autoaggressiv zerstört, er versteigt sich in philosophische Ergüsse und monologisiert ohne in Kontakt zu treten, weist dem Objekt eine Beobachterrolle zu. Er ist Opfer einer widrigen Kindheit und sucht an einem besonderen Ort Heilung und Erholung, glaubt aber bald zu erkennen, dass er doch auch an diesem Ort nicht gesunden kann.

Die Brüder Strauch und der Famulant können aber auch in das Instanzenmodell Sigmund Freuds eingebettet interpretiert werden. Das Über-Ich entspricht dem Chirurgen, der eine auftraggebende, distanziert-überwachende Funktion hat, der Famulant stellt das Ich dar, das ausgleichen und verstehen, dem Auftrag des Über-Ichs nachkommen soll. Und der Kunstmaler ist als Synonym für das Es aufzufassen, jenem Speicher unbewusster, bedrohlich-aggressiver, triebhafter Impulse in uns. Im Kontrast zu Freuds Konstrukt aber finden wir weniger das libidinös-triebhafte in Strauch als vielmehr das selbstzerstörerisch-autoaggressive Element. Hier folgt Bernhard dem dualistischen Triebmodell Freuds, das neben dem Selbst- und Arterhaltungstrieb, repräsentiert durch die Libido, den Todestrieb mit der Triebkraft Destrudo als gegenläufiges Streben im Menschen postuliert. Zärtlich-liebevoll-erotisches Streben kommt in Frost praktisch nicht vor. Sexualität ist bedrohlich und wird primitiv und tierhaft dargestellt, die Triebhaftigkeit deponiert Thomas Bernhard in den Frauen, vor allem die Wirtin wird Projektion seiner Abwehr und Quelle seines Begehrens.

Mit Wortneuschöpfungen (Neologismen) - typisch für die Sprache schizophrener Menschen[98] - wie *„Wirklichkeitsverachtungsmagister, Gesetzesbrechermaschinist, Menschenwillenverschweiger, Niederlagenheraufbeförderer, Umschlagvorschlag, Menschenerbärmlichkeiten, Himmelszitzenzieherinnen, Kunstgegeifer, Künstlergeschlechtsverkehr, Eiterprozeßordnungen, Wurstesser- und Biertrinkerlärm, Kunst- und Künstlerekelerregung, pulsgehirnwiderpochende Herzmuskelsprache"*, versucht Strauch seine Gedanken noch in eine gewisse Ordnung zu zwängen, sie sind also Versuche, der sich zuspitzenden Regression gegenzusteuern. *„Er spricht von einer „Geißel chromatischer Selbsterniedrigung" wie von der „Philosophie des hochgepeitschten Vogelperspektivismus unreinen Denkens"* wird Strauch vom Famulanten im dritten Brief an den Bruder zitiert.[99]

Die Ausdrucksweise Schizophrener wirkt häufig geziert, gewählt oder desorganisiert, sodass diese Äußerungen oft als unsinnig erscheinen. Sigmund Freud vermutete, dass die schizophrenen Spracheigentümlichkeiten demselben Prozess unterworfen sind, der auch bei der Traumarbeit angetroffen wird. Außerdem glaubte er, dass es dem Schizophrenen bei dem Versuch die Objektwelt wieder zu gewinnen, nur gelungen sei, deren Schatten, nämlich die Worte einzufangen.

Freud gliederte die pathogenen Mechanismen der Schizophrenie in seine Theorien ein, indem er alle Erscheinungsformen um das grundlegende Konzept der Regression gruppierte, wobei die Regression tiefer und weiter zurückzugehen scheint als bei den Neurosen, und zwar bis in die Zeit der Ich-Bildung, in die Phase des primären Narzißmus. In eine Phase, in der das Ich gerade in ersten Ansätzen vorhanden ist, erste Objekte außerhalb des eigenen Ich erlebt werden und die Realitätsprüfung des Säuglings beginnt, regrediert der Schizophrene, sein Ich, die Realität, ja die gesamte Umwelt zerbröckelt.

---

[98] Leo Navratil: Schizophrenie und Sprache. Zur Psychologie der Dichtung. 1966. 43 ff.
[99] Thomas Bernhard: Frost. 1972. 320.

Der Zusammenbruch der Realitätsprüfung, die eine der wichtigsten Funktionen des Ich darstellt und die Symptome des Ich-Zerfalls können als eine Rückkehr zu einer Zeit aufgefasst werden, in der sich das Ich noch nicht oder kaum herausgebildet hat.[100]

Otto Fenichel unterteilt die Hauptsymptome der Schizophrenie in Symptome der Regression und der Restitution. Der Begriff "Schizophrenie" wird bei ihm für eine sehr große Gruppe von verschiedensten Krankheitszuständen verwendet, die oft in ihren so unterschiedlichen Erscheinungsformen keinen Zusammenhang zu haben scheinen. Und doch gibt es gemeinsame Kennzeichen, die *befremdliche und bizarre Natur der Symptome, die Absurdität und Unvorhersagbarkeit der Affekte und intellektuellen Ideen sowie die offenbar inadäquate Verbindung zwischen beiden.*[101] Fenichel unterscheidet zwei Arten von schizophrenen Symptomen. Einerseits jene, die direkt den regressiven Zusammenbruchs des Ich und ein Ungeschehenmachen von Differenzierungen ausdrücken und von Fenichel als Symptome der Regression beschrieben werden und andererseits die sogenannten Restitutionssymptome, die als Versuch der Wiederherstellung des Ich und als Heilungsversuche verstanden werden können. Zur ersten Kategorie werden die Weltuntergangsphantasien, körperliche Sensationen, Depersonalisation, Größenwahn, archaische Arten des Denkens und Sprechens und bestimmte katatone Symptome gezählt, die in der Figur des Strauch von Thomas Bernhard exakt herausgearbeitet wurden.

Beim Kunstmaler Strauch beschreibt Thomas Bernhard Symptome der Regression, den sukzessiven Ich-Zerfall und den Bruch mit der Realität. In den Frühstadien der Schizophrenie beggnen wir der Phantasie des Weltunterganges, was der inneren Wahrnehmung des Objektverlustes entspricht. Die Libido zieht sich von den Objektbesetzungen zurück, wodurch die Welt inhaltslos und leer wird, der Schizophrene gibt sein Interesse an der Welt vollkommen auf. Ein bedrohlicher, angstbesetzter Prozess.

---

[100] Otto Fenichel: Psychoanalytische Neurosenlehre. Band II. 1983. 310 f.
[101] Otto Fenichel: Psychoanalytische Neurosenlehre. Band II. 1983. 310.

„Er wittert ständig Gefahr. Das ist klar, daß er sich ständig bedroht fühlt. Ständig ist er auf der Lauer, wie die Welt, wie ihm scheint, um ihn."[102]

„Er sagte: „Alles ist fast schwarz" Er gehe durch den „Stickstoff der Urzustände des Teufels." Am Abend hat er gesagt: „Die Erde, die Welt, ist blutunterlaufen."[103]

Körperliche und hypochondrische Sensationen und Depersonalisation. Die Libido, die sich von den Objekten im Außen zurückzieht, besetzt in der Regression auf den primären Narzissmus wieder stärker den eigenen Körper, der „Libido-Tonus" des Körpers oder eventuell nur einzelner Organe nimmt zu. Durch diese Zunahme oder auch Abnahme der libidinösen Besetzung des Körpers wird das Körpergefühl des Patienten stark verändert. Diese Veränderungen der Selbstwahrnehmung werden durch seelische Konflikte ausgelöst. Die Zunahme der narzisstischen Besetzung des eigenen Körpers wird vom Ich als unangenehm empfunden, es ergreift Abwehrmaßnahmen, die zu den oft beschriebenen Entfremdungsgefühlen führen können, wobei das narzisstisch besetzte Organ am stärksten der Depersonalisation verfällt. Entfremdung und Depersonalisation stellen also eine Reaktion des Ich auf die innere Wahrnehmung des erhöhten Narzissmus dar.

„Heute habe ich solche Schmerzen", sagte er, „daß es mir fast unmöglich ist, mich fortzubewegen. Jeder Schritt eine Qual. Sie müssen sich vorstellen: dieser riesige Kopf, und diese kleinen abgemagerten Beine … die ihn ertragen müssen. Hoch oben dieser Riesenkopf, tief unten ununterbrochen diese schwachen, zerbrechlichen Beine. Denken Sie sich eine Flüssigkeit in ihrem Kopf, wie siedendes Wasser, die ganz plötzlich zu Blei erstarrt und gegen ihre Schädeldecke saust."[104]

---

[102] Thomas Bernhard: Frost. 1972. 152.
[103] Thomas Bernhard: Frost. 1972. 327.
[104] Thomas Bernhard: Frost. 1972. 48.

„Die Geschwulst ist viel größer geworden. Es ist, als sauge sie alles auf, was in meinem Körper ist. Es ist dasselbe Sauggefühl, das ich immer in bezug auf mein Gehirn habe." [105]

„Er schilderte dann kurz, wie er einmal das Gefühl gehabt hat, als ein anderer auf sich selbst zuzugehen." [106]

Nicht immer aber wird der primäre Narzissmus abgewehrt. Kindliche Allmachtsgefühle tauchen wieder auf, eine Regression zum Narzissmus bedeutet gleichzeitig eine Regression zur kindlichen Allmacht, zum Größenwahn. Dieser Allmachtsglaube ist eine Teilerscheinung des magisch-animistischen Weltbildes des Kleinkindes, in welches der Schizophrene regrediert und sich unter Verlust der Realitätsprüfung für den größten hält.

„In seinem Blut seien so viele Giftstoffe, daß man „ganze Stadtbezirke damit ausrotten könnte." Diese Giftstoffe lagerten sich immer wieder irgendwo unter der Haut, wo sie Gelegenheit fänden, ab." [107]

Er hätte es ja zu großer Berühmtheit, zum großen Aufsehenmachen bringen können, doch das habe ihn nicht interessiert. „Mein Talent hätte ausgereicht für eine Weltberühmtheit", sagte er. [108]

Das schizophrene Denken, das Thomas Bernhard so genial in der Figur des Kunstmalers darstellt, ist nicht unordentlich, es folgt nur nicht normalen logischen Gesetzen. Es ist das archaische Denken, das man auch bei Kindern und im Unbewussten des Neurotikers antrifft, beziehungsweise der Denkstil des Unbewussten. Der Kunstmaler Strauch vermittelt den Eindruck, dass sein Unbewusstes bewusst geworden ist.

Restitutionsphänomene, zu denen Fenichel Wahnbildungen, Weltaufbauphantasien und Halluzinationen zählt, tauchen in Frost kaum

---

[105] Thomas Bernhard: Frost. 1972. 89.
[106] Thomas Bernhard: Frost. 1972. 83.
[107] Thomas Bernhard: Frost. 1972. 90.
[108] Thomas Bernhard: Frost. 1972. 57.

auf. Der Kunstmaler leidet an der hebephrenen Schizophrenie. Bei der Hebephrenie handelt es sich um den regressiven Typus der Schizophrenie. Es fehlen die Restitutionsvorgänge. Das Ich gibt sich vollkommen passiv den Konflikten hin, es werden keine Anstrengungen unternommen, neue Bewältigungstechniken zu erlernen, die Hebephrenie ist die schizophrene Kapitulation.

Halluzinationen – das einzige Restitutionsphänomen, das wir beim Kunstmaler entdecken können – stellen einen Ersatz für die verloren gegangenen Wahrnehmungen dar. Innere Triebkräfte werden nach außen projiziert und erlebt, als handle es sich bei ihnen um äußere Wahrnehmungen. Oft vermischen sie sich auch mit noch tatsächlich gemachten Wahrnehmungen.

Während des Nachtmahl hatte der Maler plötzlich gesagt: „Hören Sie. Hören Sie." In dem entsetzlichen Wurstesser- und Biertrinkerlärm sagte er: „Hören Sie die Hunde." Ich höre sie nicht. Er ließ aber nicht locker, und ohne dass es die anderen, der Ingenieur, der Wasenmeister, die Wirtin, die an unserem Tisch saßen, merkten, auch der Gendarm war dabei, sagte der Maler: „Hören sie die Hunde! Hören Sie nur: das Hundegekläff."[109]

Halluzinationen werden häufig so real erlebt, dass ihre Objektivität nicht in Zweifel gezogen wird, sie erinnern daher an einen Zustand primärer halluzinatorischer Wunscherfüllung. Auch dieser Bruch mit der Realität folgt also dem Muster der Regression, der schizophrene Mensch sinkt in ein Stadium zurück, in dem er lebte, bevor er die Fähigkeit zur Realitätsprüfung erwarb. Nach diesem Bruch schafft sich der Schizophrene nun eine neue Realität.

„Sie (die Wirtin – Anm. des Autors) erscheine ihm, dem Maler, manchmal vor seinem Bett, im Geist, so wie ein Bild erscheint, einfach auftaucht aus dem Unterbewußtsein, halb Traum, halb Wirklichkeit, wie etwas, das man nicht leiden kann und das einem darum keine Ruhe lässt: Wenn er nicht schlafen kann; wenn er Geräusche hört „vom Gastzimmer herauf"; oft

---

[109] Thomas Bernhard: Frost. 1972. 143.

auch mitten auf dem Weg; im Wald, mit besonderer Härte gegen die Wirtin und gegen ihn selbst."[110]

„Fratzen kämen mit Vorwürfen auf ihn zu, die sein Gehirn zersetzten. Menschenunrat. Stimmen würden laut. Aber sinnlos."[111]

Doch nicht immer haben Halluzinationen einen angenehmen Inhalt, oft sind sie extrem schmerzhaft und beängstigend. Zurückgewiesene Teile der Realität, des Es oder des Über-Ich, vor denen das Ich floh, kehren nun, projiziert in die Außenwelt, auf bedrohliche Art und Weise zurück. Besonders deutlich wird dies bei jenen schizophrenen Halluzinationen, die die Drohungen und Bestrafungen des Über-Ichs darstellen, die das Ich zu bekämpfen versucht hat. Da das Über-Ich einen hauptsächlich auditiven Charakter hat, werden diese Halluzinationen häufig als Stimmen-Hören beschrieben. Halluzinationen setzen sich also aus tatsächlichen Wahrnehmungen, Gedanken und bildhaften Erinnerungen zusammen und können an sich wie Träume gedeutet werden.

Der Kern der Schizophrenie liegt im Bruch mit der Realität und dann dem verzweifelten Versuch, die verlorene Realität wieder zu erlangen. Strauchs Denken, sein Ich zerfällt in einem unaufhörlichen und bedrohlichen Regressionsprozess, der Tod ist absehbar. Wie oft Thomas Bernhard selbst in solche psychischen Ausnahmezustände geraten ist, kann ich nicht sagen, gekannt haben dürfte er sie: das Pendeln zwischen Depression, Suizidalität und Ich-Zerfall aufgrund erlittener Traumata, heftigen Irritationen in frühen Entwicklungsphasen und chronifizierten Ambivalenzkonflikten.

Thomas Bernhard erzählt von der Vorgeschichte des Kunstmalers, berichtet von dessen belasteter Kindheit, einem engen Verhältnis zum Großvater, von quälender Einsamkeit und Suizidgedanken, extremem sozialem Rückzug und dem Scheitern seiner künstlerischen Karriere. Viele Parallelen zur Biographie Bernhards lassen sich feststellen. Auch wenn Thomas Bernhard natürlich selbst nicht an Schi-

---

[110] Thomas Bernhard: Frost. 1972. 67.
[111] Thomas Bernhard: Frost. 1972. 80.

zophrenie erkrankt war, so steht außer Zweifel, dass er sich nicht nur mit diesem Krankheitsbild intensiv beschäftigt hat, sondern ihm manches an schizophrenem Denken und Fühlen wohl sehr vertraut war.

Nach dem Erscheinen des Buchs, in das Thomas Bernhard „*alles hineinschreibt*", fällt er in eine tiefe Depression. Er wendet sich vorübergehend von der Schriftstellerei ab, wird Lastwagenfahrer, überlegt als Entwicklungshelfer nach Afrika zu gehen ... und doch gelingt ihm mit „*Frost*" der literarische Durchbruch.

SARKOIDOSE – KÖRPER UND SEELE

„Obwohl ich ein routinierter Kranker bin und mein ganzes Leben mit meinen mehr oder weniger schweren und schwersten und letzten Endes immer sogenannten *unheilbaren Krankheiten* zu leben gehabt habe, bin ich doch immer wieder in einen Krankheitsdilettantismus zurückgefallen, habe Dummheiten gemacht, unverzeihliche. Zuerst ein paar Schritte, vier oder fünf, dann zehn oder elf, dann dreizehn oder vierzehn, schließlich zwanzig oder dreißig, *so* solle der Kranke handeln, nicht gleich aufstehen und hinaus und fort, was ja meistens tödlich ist."[112]

Thomas Bernhards biographische Schriften, seine autobiographischen Erzählungen, die zwischen 1975 und 1982 erschienenen Bücher *„Die Ursache; Der Keller; Der Atem; Die Kälte; Ein Kind"* enden im zwanzigsten Lebensjahr mit der Entlassung aus der Lungenheilstätte Grafendorf. Die Lungenerkrankung erscheint primär als Endstrecke der kumulativen Belastungen der bisherigen Biographie, als wäre dem jungen Mann „die Luft ausgegangen" und Selbstaufgabe und Entkräftung drohen. Sehr intensiv schildert Thomas Bernhard jenen Erkenntnis- und Selbstheilungsprozess im Sterbezimmer, der ihm das Leben rettet.

„Bernhard beschreibt in seinem Buch eindrücklich den komplizierten Prozeß der Individuation und Selbstfindung, welcher durch die schwere Lungenerkrankung in Gang gekommen ist. Er erkrankte in Identifikation mit dem Großvater und als Reaktion auf dessen Weggang ins Spital. Als der Großvater dann rätselhaft stirbt, leistet er die Trauerarbeit, überlebt die Trennung und findet im völligen Alleinsein seine eigene Individualität und seinen Weg für die Zukunft."[113]

---

[112] Thomas Bernhard: Wittgensteins Neffe. 1987. 16.
[113] Dieter Beck: Krankheit als Selbstheilung. 1985. 145 f.

Diese Sichtweise scheint romantisierend und doch, Thomas Bernhard überlebt und kann seine Erkrankung in ein sinnvolles und für ihn schlüssiges Entstehungsmodell einfügen. Und mehr noch, er beschreibt seinen Weg durch die Institutionen, analysiert deren Soziodynamik, gibt sich bissig und gesellschaftskritisch, entlarvt Schwächen und Arroganz, Stigmatisierung und mitleidlose Routine und zuletzt seinen Weg zu Selbstbestimmung.[114]

Im Jahr 1963 erscheint der erste Roman Bernhards „*Frost*", 1964 „*Amras*", Meilensteine seines literarischen Schaffens. Der literarische Erfolg stellt sich ein, er bekommt erste Preise. Thomas Bernhard kann sich Liegenschaften kaufen, zuerst einen alten Bauernhof in Ohlsdorf in der Nähe von Gmunden. Und wieder, mitten in einer glücklichen Lebensphase gibt es Schicksalsschläge. Am 1. Juni 1965 verstirbt die Großmutter Anna Freumbichler in der Salzburger Nervenklinik, Erinnerungen an diese „tapfere Frau" und einige biographische Angaben sind in „*Die Ursache*" nachzulesen. Der letzte Besuch im Krankenhaus geht Thomas Bernhard sehr nahe:

„Ich habe sie noch ein paar Tage vor ihrem Tod gesehen, zwischen diesen wahnsinnigen und irren und vollkommen hilflosen alten Sterbenden, zwar noch hörend, aber nicht mehr verstehend, was ich zu ihr gesagt habe, weinte sie ununterbrochen, und dieser letzte Besuch bei meiner Großmutter ist mir vielleicht die schmerzhafteste Erinnerung überhaupt." ... *„Die Stadt, welche auch ihre Heimat gewesen ist, hatte sich ihr am Lebensende in ihrer fürchterlichsten Weise gezeigt, von konfusen Ärzten ins Spital und schließlich ins Irrenhaus gesteckt und von allen, wirklich von allen Menschen, gleich ob verwandt oder nicht, verlassen, ein Ende in einem riesigen mit Sterbenden angefüllten menschenunwürdigen Krankensaal."*[115]

Im Sommer 1967 muss sich Thomas Bernhard an die Lungenabteilung des Krankenhauses Baumgartnerhöhe in Wien begeben. Er liegt im Pavillon Hermann, erzählt er im Buch „*Wittgensteins Neffe*". Sein Freund Paul Wittgenstein, Neffe des Philosophen Ludwig Wittgen-

---

[114] Manfred Mittermayer: Thomas Bernhard und die Lungenkrankheit. 2000. 158-166.
[115] Thomas Bernhard: Die Autobiographie. Die Ursache. 2014. 102 f.

stein, liegt nur wenige Meter entfernt im Pavillon Ludwig, der zur psychiatrischen Abteilung gehört.

*„Die sogenannten psychiatrischen Ärzte bezeichneten die Krankheit meines Freundes einmal als diese, einmal als jene, ohne den Mut gehabt zu haben, zuzugeben, daß es für **diese** wie für alle anderen Krankheiten auch, keine richtige Bezeichnung gibt, sondern **immer** nur falsche, immer nur irreführende, weil sie es sich letzten Endes, wie alle anderen Ärzte auch, wenigstens durch **immer wieder falsche Krankheitsbezeichnungen** leichter und schließlich auf mörderische Weise bequemer gemacht haben. Alle Augenblicke sagten sie das Wort **manisch**, alle Augenblicke das Wort **depressiv** und es war in jedem Fall immer falsch. Alle Augenblicke flüchten sie (wie alle anderen Ärzte!) in ein anderes Wissenschaftswort, um sich (nicht aber den Patienten!) zu schützen und abzusichern."*[116]

Ist ein Mensch mit einer Situation konfrontiert – wie ich sie im fünften Kapitel charakterisiert habe – so spricht man von Traumatisierung. Kommt es nochmals zu einer Situation, die wieder mit Hilflosigkeit, Ohnmacht und massiver Angst einhergeht, so spricht man von Retraumatisierung, aktivieren aktuelle Situationen und Begegnungen ein altes Trauma, so spricht man von Traumareaktivierung. Beides passiert bei diesem neuerlichen Aufenthalt Thomas Bernhards an der Lungenabteilung. Ein operativer Eingriff ist notwendig, eine Mediastinoskopie, eine Spiegelung des sogenannten Mittelfellraumes, der zwischen den beiden Lungenflügeln liegt. Die klinische Diagnose Sarkoidose wird nach Untersuchung des entnommenen Gewebes gesichert. Eine das Immunsystem unterdrückende Therapie mit Cortison ist notwendig mit entsprechender Auswirkung auf die körperlich-seelische Verfassung des Patienten. Diese Erkrankung, auch Morbus Boeck genannt, ist auch heute in ihrer Genese noch immer nicht geklärt, wird als Autoimmunerkrankung gehandelt. Sie tritt vermehrt nach vorangegangener Tuberkuloseerkrankung auf und auch bei Verwandten von an Tuberkulose Erkrankten. Eine infektiöse Genese wird daher zumindest bei einem

---

[116] Thomas Bernhard: Wittgensteins Neffe. 1987. 13 f.

Teil der Erkrankungen angenommen.[117] Thomas Bernhard wird durch diese Erkrankungen in seiner Lebensqualität vor allem ab den 80er Jahren zunehmend beeinträchtigt. Die Sarkoidose - vor allem bei chronischem Verlauf - betrifft nämlich auch den Herzmuskel und resultiert in einer progredient verlaufenden Herzschwäche, die schließlich auch zu seinem Tod führt.

Interpretiert man die Sarkoidose Thomas Bernhards gemäß dem psychosomatischen Krankheitsmodell, so steht im Mittelpunkt der ätiologischen Überlegungen zum Krankheitsgeschehen der Einfluss des Seelischen.[118] So versteht man heute unter psychosomatischen Krankheitsbildern solche, bei denen fassbare oder zumindest funktionelle Veränderungen in ihrer Entstehung und ihrer Behandlung entscheidend durch die Psyche des Kranken mitbestimmt sind, daneben aber auch körperliche Beschwerden ohne organisches Substrat, die meist als Äquivalente intensiver Gefühlszustände aufgefasst werden, und schließlich ist ein weiterer wichtiger Teil der Psychosomatik die seelische Verarbeitung von Krankheit und ärztlicher Behandlung.

Wie können seelische Belastungen, Konflikte, Traumata sich auf der Körperebene pathogen auswirken? Das individuelle Lebensschicksal, Traumata, Familienpathologie, Gesundheitsverhalten, psychologische Einflüsse, Anlage, Umwelteinflüsse und gesellschaftliche Faktoren ... werden in den psychosomatischen Theorien abgehandelt, wobei natürlich jede Theorie ihren besonderen Schwerpunkt hat und hatte. So wird aktuell von interdependenten Ursachenbündeln in der Pathogenese von Krankheiten, von multifaktorieller Verursachung psychosomatischer Krankheiten gesprochen.

"Vieles spricht nun dafür, daß bei den meisten psychosomatischen Erkrankungen die formgebenden, d. h. krankheitsspezifischen Elemente in der körperlichen Disposition bereitliegen, wie sie einerseits erblich mitgegeben, andererseits im Laufe der Lebensgeschichte noch verstärkt oder abgeschwächt wurde. An der Manifestation dieser körperlichen Disposition sind seelische

---

[117] Kirsten D.: Leserbrief zu R. Wettengel: Die Lungenkrankheit von Thomas Bernhard. In: Pneumologie. 2010. 64. 322.
[118] Manfred Stelzig: Krank ohne Befund. 2013. 77 ff.

und soziale Einflüsse der persönlichen Lebensgeschichte wie auch überpersönliche kulturelle und gesellschaftliche Bedingungen der Umwelt beteiligt", ist in einem Klassiker der Psychosomatik zu lesen.[119] Nachdem das biologisch-naturwissenschaftlich ausgerichtete Modell um die psychosomatische Dimension erweitert wurde, in dem, wie bereits erwähnt, Krankheit und Behandlung biographisch, persönlichkeitsbezogen, intrapsychisch-konfliktorientiert und lerntheoretisch akzentuiert gesehen werden, fehlt uns für das heute aktuelle bio-psycho-soziale Krankheitsmodell, das erstmals von Engel 1977 als solches bezeichnet wurde, noch die soziologische Ebene. Die Integration einer weiteren Ebene, der spirituell-weltanschaulichen steht an.[120]

Die Modelle in der modernen Krankheitslehre sind vielfältig, haben sich weiter entwickelt und werden ständig ergänzt. Eine Darstellung würde den Rahmen dieses Kapitels sprengen. Klar aber ist, dass wir in den Schläuchen der Psychosomatik alten und neuen Wein finden. Dazu zählen objektbeziehungstheoretische Überlegungen, Symbolisierungs- und Mentalisierungskonzepte, das Desomatisierungskonzept von Max Schur, entwicklungspsychologische Erkenntnisse wie Interaffektivität und Affektspiegelung (Stichwort Alexithymie), Ideen der Bindungstheorie, der Trauma- und Konflikttheorie und natürlich genetische, epigenetische und neurobiologische Erkenntnisse ...

Thomas Bernhard selbst beschäftigte sich mit diesem Aspekt seiner Erkrankungen. Ein offensichtlich rege bearbeiteter Klassiker psychosomatischer Fachliteratur fand sich in seiner Bibliothek: das Buch *„Psychosomatische Medizin"* von Thore von Uexküll. Psychotherapeutische Hilfe – denn nur in einem längerfristig angelegten Prozess können diese Zusammenhänge und Interdependenzen geklärt werden – hat Thomas Bernhard aber meines Wissens nie in Anspruch genommen.

Wieder ist Thomas Bernhard anlässlich seines Krankenhausaufenthaltes im Jahr 1967 mit den komplexen Abläufen einer Kranken-

---

[119] Walter Bräutigam, Paul Christian: Psychosomatische Medizin. 1986. 21.

[120] Herwig Oberlerchner: Was brauchen wir Menschen? 2015.

hausabteilung der 60er Jahre konfrontiert. Die in „*Wittgensteins Neffe*" eindrucksvoll geschilderten Erlebnisse und Begegnungen sind Retraumatisierung und Traumareaktivierung zugleich. Körperliche Schwäche, Atemnot, Todesangst beim zu hastigen Mobilisierungsversuch entsprechen der Retraumatisierung, Angst vor dem Verlust eines Freundes reaktivieren das Trauma des schmerzlichen und überraschenden Verlustes des in den 50er Jahren nur wenige Meter von ihm entfernt an der chirurgischen Abteilung im Salzburger Landeskrankenhaus verstorbenen Großvaters. Thomas Bernhard will unbedingt den Freund im Nachbarpavillon besuchen, so wie der Großvater ihn 17 Jahre zuvor im Sterbezimmer besuchte ... Identifikationsprozesse und ein schonungsloser, wenig achtsamer Umgang mit sich selbst runden das psychosomatische Dilemma ab.

„*Nun hatte ich plötzlich Angst um diesen Menschen, der mir auf einmal zu meinem allernächsten geworden war, daß ich ihn verlieren könnte, und zwar in zweierlei Hinsicht: **durch meinen** wie auch **durch seinen Tod**, denn so nahe ich selbst in diesen Wochen und Monaten im Pavillon Hermann dem Tod gewesen bin, wie ich ja letzten Endes selbst fühlte, so nahe war er dem seinigen im Pavillon Ludwig.*"[121]

Die körperliche Beeinträchtigung durch die Sarkoidose, Todesangst gepaart mit unbändigem Lebenswillen, den Verlauf der letzte Monate im Leben Thomas Bernhards und schließlich seinen Tod beschreibt berührend Martin Frauenhofer in seinem Beitrag zum Gedächtnisabend im Passauer Scharfrichterhaus für Thomas Bernhard anlässlich dessen 20. Todestag.[122]

---

[121] Thomas Bernhard: Wittgensteins Neffe. 1987. 59.
[122] Martin Frauenhofer: Der Tod des Thomas Bernhard. Vortrag am 12. Februar 2009 beim Gedächtnisabend für Thomas Bernhard im Passauer Scharfrichterhaus.

SUIZID ODER ES GEHT WEITER

„Das Wort *Selbstmord* war eines seiner selbstverständlichsten Wörter, es ist mir seit der frühesten Kindheit vor allem aus dem Mund meines Großvaters vertraut. Ich habe Erfahrung im Umgang mit diesem Wort. Keine Unterhaltung, keine Unterweisung seinerseits, in welcher nicht unausweichlich die Feststellung folgte, daß es der kostbarste Besitz des Menschen sei, sich aus freien Stücken der Welt zu entziehen durch Selbstmord, sich umzubringen, wann immer es ihm beliebe. Er selbst hatte lebenslänglich mit diesem Gedanken spekuliert, es war seine am leidenschaftlichsten geführte Spekulation, ich habe sie für mich übernommen."[123]

Das Thema Suizid zieht sich wie keines durch das Werk und das Leben Thomas Bernhards. Nicht nur die Häufigkeit und die Intensität, sondern auch der sehr frühe Zeitpunkt des Auftretens konkreter Suizidalität erschüttern. Bernhard spricht in seinem Werk nicht von Suizid oder Suizidalität, er spricht von Selbstmord und würde diesen heute eher gemiedenen Begriff wohl in jeder Diskussion mit Inbrunst verteidigen, so meine Mutmaßung.

Bereits in Traunkirchen noch in der Volksschulzeit, fühlt sich Thomas Bernhard so ausgegrenzt, einsam und ungeliebt, dass er daran denkt, sich das Leben zu nehmen. Aus der Idylle des Hippingerhofes gerissen, getrennt vom geliebten Großvater, der mit der Großmutter erst später nachkommt, gequält und erniedrigt von den Lehrern, verspottet als „Esterreicher", geschlagen und beschimpft von der Mutter und erfolglos in seinem rührenden Bemühen doch irgendwo Anschluss zu finden, scheint Thomas Bernhard völlig verzweifelt.

---

[123] Thomas Bernhard: Die Autobiographie. Ein Kind. 2014. 477.

„Ich war in einem entsetzlichen Zustand. Zuhause war ich unfähig meine Aufgaben zu machen, bis in mein Gehirn hinein, war alles gelähmt ... Ich enteilte in die Stadt und ging angsterfüllt durch die Straßen und Gassen und suchte Zuflucht in den Parks und auf den Bahndämmen. Wenn ich nur sterben könnte! war mein ununterbrochener Gedanke ... Ich heulte laut heraus, wenn ich sicher war, daß mich niemand hörte ... Zum erstenmal hatte ich den Gedanken, mich umzubringen."[124]

Ob bereits damals ein Suizidversuch missglückte – Thomas Bernhard beschreibt eine Konstruktion mit einem am Dachbalken befestigten Strick, der reißt, als er sich in die Schlinge fallen lässt – oder ob es sich um eine Suizidfantasie handelt, muss offen bleiben. Die Rettung kommt mit dem Großvater, der in ein Bauernhaus im benachbarten Ettendorf zieht.

Eine ähnliche Verzweiflung und Ausweglosigkeit erlebt der junge Thomas Bernhard in Saalfeld, im nationalsozialistischen Erziehungsheim. Der ängstliche, von Heimweh geplagte Bettnässer wird ausgegrenzt und erniedrigt und misshandelt. Nur dem Quehenberger, einem abgemagerten Jungen, der einkotet und eine körperliche Beeinträchtigung hat, geht es noch schlechter, mit ihm freundet sich Thomas Bernhard an.

Die biographische Erzählung *„Die Ursache"* beginnt mit einem Zitat aus den Salzburger Nachrichten vom 6. Mai 1975:

„Zweitausend Menschen pro Jahr versuchen im Bundesland Salzburg ihrem Leben selbst ein Ende zu machen, ein Zehntel dieser Selbstmordversuche endet tödlich. Damit hält Salzburg in Österreich, das mit Ungarn und Schweden die höchste Selbstmordrate aufweist, österreichischen Rekord."[125]

Diese Zahlen stimmen nicht exakt, tatsächlich suizidierten sich im Jahr 1974 in Österreich 1784 Menschen, davon allein im Bundesland Salzburg 105 Menschen. Inzwischen hat sich diesbezüglich in Salzburg und in Österreich viel getan. Durch viele suizidpräventive

---

[124] Thomas Bernhard: Die Autobiographie. Ein Kind. 2014. 537 f.
[125] Thomas Bernhard: Die Autobiographie. Die Ursache. 2014. 7.

Maßnahmen konnte diese Zahl weit gesenkt werden, wenn auch Österreichs Suizidzahlen noch immer hoch sind, im Jahr 2013 waren in Österreich 1291 Suizide zu beklagen, in Salzburg 72.

In dem Jahr zwischen Herbst 1943 – Eintritt Thomas Bernhards in das nationalsozialistisch geführte Internat Schrannengasse – und Herbst 1944 – Thomas Bernhard wird nach der dritten Bombardierung Salzburgs von der Großmutter nach Traunstein geholt – hätten sich allein vier Zöglinge im Heim suizidiert. Seine eigene Suizidalität nimmt immer bedrohlichere Ausmaße an, Thomas Bernhard muss sich zwingen diesen Impulsen nicht nachzugeben. Er lenkt sich durch intensives Geigenspiel in der ihm zur Verfügung gestellten Schuhkammer und durch höchste Konzentration auf den Lernstoff von diesen drängenden Gedanken ab. Das gelingt anfangs nicht wirklich, bereits am zweiten Tag in dieser Schuhkammer beschreibt Thomas Bernhard einen Suizidversuch mit dem Hosenträger. Er hat aber auch Erklärungen für diese und seine Suizidalität.

„Tatsächlich habe nicht nur ich während meiner ganzen Lern- und Studierzeit die meiste Zeit mit dem Selbstmordgedanken zubringen müssen, dazu herausgefordert von der brutalen, rücksichtslosen und in allen ihren Begriffen gemeinen Welt einerseits, von der in jedem jungen Menschen größten Sensibilität und Verletzbarkeit andererseits."[126]

Und: *„ ... geht er gänzlich in seinem Selbstmorddenken auf, in welchem er schon vor dem Eintritt in das Internat geschult gewesen war, denn er war in dem Zusammenhang mit seinem Großvater die ganze Kindheit vorher durch die Schule der Spekulation mit dem Selbstmord gegangen."*[127]

Tatsächlich wird Johannes Freumbichler als mürrisch (dysphorisch) und chronisch depressiv (dysthym) beschrieben und philosophiert und kokettiert immer wieder auch über das und mit dem Thema Suizid. Sein Bruder Rudolf erschießt sich im Jahr 1902. Auch Thomas Bernhards Vater begeht im Jahr 1940 wahrscheinlich – schwer alkoholkrank – Suizid. Unter Thomas Bernhards Mitschülern sind Sui-

---

[126] Thomas Bernhard: Die Autobiographie. Die Ursache. 2014. 19.
[127] Thomas Bernhard: Die Autobiographie. Die Ursache. 2014. 15.

zidenten und von weiteren Suiziden hört er und weitere Suizide erlebt er in seiner unmittelbaren Umgebung bis hin zum Suizid der ihm gut bekannten Künstlerin Joana Thul, erwähnt im Roman „*Holzfällen*" und auch in „*Beton*". Nur logisch, dass sich das Thema Suizid durch Thomas Bernhards Werk zieht. In „*Heldenplatz*" suizidiert sich Professor Schuster durch Sprung aus dem Fenster. Im Roman „*Ja*" lernt der Erzähler – an einer schweren Depression leidend und selbst suizidal – bei seinem Immobilienmakler die Protagonistin, die „*Perserin*", kennen. Sie setzt ihre Suizidankündigung am Ende des Romans um und wirft sich vor einen Lastwagen. Hollensteiner ist der Suizident in „*Gehen*". Der Maler Strauch verschwindet im Roman „*Frost*" spurlos, Suizid ist anzunehmen. Im Roman „*Auslöschung*" werden die häufigen Suizide unter den Wolfsegger Jägern beschrieben und der Tod einer 66-Jährigen durch Erhängen. Im Drehbuch „*Der Italiener*" hat sich der Herr von Wolfsegg suizidiert. Das Ehepaar Anna und Hanspeter Härdtl in der Erzählung „*Beton*" liegt nach Suizid auf dem Friedhof in Palma. In „*Amras*" suizidieren sich die Eltern, später der Bruder des Erzählers. In „*Watten*" wird die Kartenspielrunde durch den Suizid des Papiermachers Siller reduziert. Nebenher wird der Suizid des Raiffeisenkassenleiters Pöll erwähnt. In „*Verstörung*": Die Ebenhöh, eine Patientin des Vaters des Erzählers findet ihren erst zwei Tage zuvor aus dem Gefängnis entlassenen Bruder erhängt am Fensterkreuz. Zahlreiche Suizide unter den besten Studenten an der Montanistischen Hochschule – in den letzten sechs Monaten mindestens drei – erwähnt der Sohn des Arztes, der seinen Vater auf seinen Visiten begleitet. Der Vater selbst meint, dass „*ihm der Gedanke an Selbstmord immer ein sehr vertrauter gewesen sei*".[128] Die Schwester – schwer depressiv – hat bereits einige Suizidversuche hinter sich. Der psychisch schwer kranke Fürst Saurau – letzter auf der Visitenliste dieses Tages – erzählt vom Suizid seines Vaters und nimmt in einem Traum seinen eigenen Suizid vorweg. Roithamer, Hauptfigur in Bernhards „*Korrektur*", erhängt sich in einer Lichtung, nachdem er feststellen muss, dass sein Lebenswerk, der Bau eines kegelförmigen Gebäudes, seinen Zweck verfehlt hat. Suizidalität liegt in

---

[128] Thomas Bernhard: Verstörung. 1988. 45.

der Familie, drei Onkel und ein Cousin töteten sich. Wertheimer – ein hoch talentierter Klavierspieler – suizidiert sich im Roman „*Der Untergeher*". Im Buch „*Der Stimmenimitator*", einer Sammlung über hundertvier, kurzer an Zeitungsmeldungen erinnernde Prosastücke, werden über 20 Suizide beschrieben. Und diese Aufzählung ist sicher unvollständig.

Thomas Bernhard selbst aber findet immer wieder einen Ausweg, einen Grund zum Weiterleben, immer wieder gibt es offensichtlich glückliche und hoffnungsspendende Lebensphasen und Begegnungen, in denen er sich erholt und Mut zum Weiterleben schöpft. So kann er auch durch den Beginn der Lehre bei Podlaha wieder neuen Lebensmut fassen.

„Zwei Möglichkeiten hatte ich gehabt, das ist mir auch heute noch klar, die eine, mich umzubringen, wozu mir der Mut fehlte, und/oder das Gymnasium zu verlassen, von einem Augenblick auf den anderen, ich hatte mich nicht umgebracht, und war in die Lehre. Es ging weiter."[129]

---

[129] Thomas Bernhard: Die Autobiographie. Der Keller. 2014. 129.

HÄUSER – HEIMAT – BEHAUSUNG

„Es ist das Schönste, die *höchste Befriedigung* zu bauen, höchste Befriedigung unterstrichen. Alle haben den Wunsch zu bauen, aber nicht alle haben die Möglichkeit zu bauen und alle, die bauen, haben diese Befriedigung. Und erst, wenn wir etwas bauen, das noch kein Mensch gebaut hat. *Höchste Befriedigung*, höchste Befriedigung unterstrichen, die Vollendung eines von uns selbst geplanten und von uns selbst aufgeführten Baukunstwerkes. Wir mögen eine philosophische, wir mögen eine schriftstellerische Arbeit vollenden, die die epochemachendste und die wichtigste überhaupt ist, wir haben nicht die höchste Befriedigung, nicht die Befriedigung, die wir haben, wenn uns ein Bauwerk gelungen ist, noch dazu ein Bauwerk, das noch niemand vor uns gebaut hat. Wir haben dann alles erreicht, was menschenmöglich ist."[130]

Mehrmalige Umzüge in Kindheit und Jugend, die Aufenthalte in Saalfeld, im Salzburger Internat und in den Krankenhäusern und Lungenheilstätten verursachen in Thomas Bernhard eine große Sehnsucht, die Sehnsucht nach einem Zuhause, nach einer Heimat. Er sucht einen Rückzugsort, einen Schutzbunker, einen Ort, den er selbst gestalten kann, einen Ort ungestörter literarischer und renovierender Kreativität. Selbst wuchs Thomas Bernhard ja in sehr einfachen Verhältnissen und in kleinen Wohnungen auf, lebte dort auf engstem Raum, in seinen Romanen hingegen leben die Familien und Protagonisten in Schlössern oder großen Bauwerken, im Schloss Altensam (Korrektur), im Schloss Amras (Amras), im Schloss Wolfsegg (Auslöschung) oder in der Burg Hochgobernitz (Verstörung), die Hauptfigur plant im Roman *„Korrektur"* ein besonderes Gebäude mitten im Wald, den *„Kegel"* für die Schwester oder baut das *„Kalkwerk"* im Roman des selben Namens zu einem kerkerähnlichen Ge-

---

[130] Thomas Bernhard: Korrektur. 1988. 238.

fängnis für sich und seine körperbehinderte Frau um. Das Haus für die Perserin in „*Ja*" bleibt bis zu deren Suizid unvollendet. Diese Häuser, wie auch das Haus des Tierpräparators Höller in „*Korrektur*" liegen einsam, bedroht, abgeschieden und gleichzeitig schutzlos exponiert inmitten rauer Natur.

Im Jänner 1965 unterschreibt Thomas Bernhard einen Kaufvertrag. Er erwirbt in der Nähe von Gmunden in Obernathal einen uralten, großen und vom Abriss bedrohten Vierkanthof, den er von nun an zu renovieren beginnt. Bis zu diesem Zeitpunkt lebt Bernhard in Wien in der Wohnung seiner Lebensgefährtin Hedwig Stavianicek oder in seiner Stadtwohnung in Gmunden. Den Freund und Immobilienhändler Karl Ignaz Hennetmaier, der ihm später noch weitere Häuser vermitteln wird, nimmt Bernhard als Vorlage für die Romanfigur des Realitätenhändlers Moritz im Roman „*Ja*". Hennetmaier verkauft Bernhard 1971 noch die „Krucka", ein idyllisch gelegenes Haus bei Reindlmühl und 1972 ein Haus in Ottnang, das „Hauspäun". Diese drei Häuser liegen alle nicht weit auseinander und in der Nähe von Gmunden, sondern auch in der Nähe mehrerer Romanschauplätze. Die Besichtigungsfahrten mit Hennetmaier, die Abende in dessen Haus und Familie und die gemeinsamen Projekte in den Jahren der Freundschaft sind mehr oder weniger verschlüsselt in den Romanen zu finden.

Thomas Bernhard renoviert seine Häuser akribisch, richtet sie geschmackvoll ein, kauft alte Möbel, tauscht sie wieder aus, baut, restauriert, sammelt und stellt aus, als würde er seine einfache Herkunft durch eine noblere überdecken wollen. Der brüchige und irritierbare Mensch baut sich eine Hülle und Sicherheit bietende Standorte, die aber kaum jemand zu Gesicht bekommt, nur Hedwig Stavianicek darf dort wohnen. Ein unerlaubtes Betreten des Hofes in Obernathal in Abwesenheit Bernhards führt zum abrupten und nicht mehr kittbaren Ende der Freundschaft mit Hennetmaier. Diese jahrelange Arbeit an den drei Standorten hat eine wichtige Bedeutung für Bernhards seelisches Gleichgewicht.

„Zur stabilen Abstützung eines Körpers ist es notwendig, daß er zumindest, drei Auflagepunkte hat, die nicht in der Geraden liegen, so Roithamer."[131]

Thomas Bernhard stabilisiert sich also über diese Renovierungsarbeiten. Die Häuser insbesondere der Obernathalerhof sind Synonyme für seine seelisch-körperliche Verfassung, dem drohenden Verfall. Erdrückender Einsamkeit, grüblerischer Weltabgewandtheit und Depression kann Bernhard auf diese Art gegensteuern. Auch wenn *„Ja"* erst im Jahr 1978 erscheint, so beschreibt Thomas Bernhard wohl darin auch seine Verfassung zu jener Zeit.

Er beschreibt eine *„Verkümmerung meines Denkens, hervorgerufen durch mutwillig heraufbeschworene Absonderung von allen Geistesmenschen, schließlich die Aufgabe jeglichen Kontaktes ...",* oder *„Ich wachte auf und wachte in einen vollkommenen Lebensüberdruß hinein auf",* oder *„Ich habe sehr oft in meinem Leben die Grenze der Verrücktheit und auch des Wahnsinns überschritten, aber an diesem Nachmittag glaubte ich nicht mehr zurückzukönnen".*[132]

Thomas Bernhard war zu dieser Zeit in großer seelischer Not, während in *„Ja"* die Perserin, die allein in ihrem Haus lebt, sich schließlich suizidiert, stabilisiert sich Bernhard über die selbstauferlegte Aufgabe und das gesteckte Ziel und lebt weiter. Er bleibt aber unsicher, ob dieser von ihm eingeschlagene Weg der richtige ist. Was wird passieren, wenn er das fertige Haus, ganz seiner Innenwelt entsprechend gestaltet, das erste Mal betreten wird? Wird er versterben wie Roithamers Schwester beim Betreten des Kegels in *„Korrektur"*? Wird er sich danach im Erkennen des gescheiterten Rettungsversuches wie Roithamer suizidieren, oder wie die Perserin, die auf die Frage, ob sie sich einmal das Leben nehmen werde, mit einem eindeutigen „Ja" antwortet? Wird er sein Leben durch den Suizid einer Korrektur unterwerfen müssen ...?

Der Halbbruder Thomas Bernhards, Peter Fabjan, bestätigt diese Hypothese der Stabilisierung durch die Renovierungsarbeiten.

---

[131] Hans Höller: Thomas Bernhard. 2011. 88.
[132] Thomas Bernhard: Ja. 1987. 15 ff.

„Der Grund war auch, weil er Menschen um sich gebraucht hat, Freunde gebraucht hat, weil er gewusst hat, sonst wird es irgendwie für ihn gefährlich. Und dieses Haus hat sicher so eine ähnliche Funktion für ihn erfüllt, weil er immer wieder mit Handwerkern zu tun gehabt hat, mit Menschen der näheren und ferneren Umgebung, die für ihn auch ein Bezug zur Realität waren."[133]

In der Altstadt von Gmunden nahe am Traunsee steht Ende der 70er Jahre ein weiteres Haus zum Verkauf und Thomas Bernhard beschreibt seinem Freund Wieland Schmidt bereits ausführlich vom geplanten Umbau, doch der Kauf kommt nicht zustande[134].

---

[133] Louis Huguet: Chronologie. 1996. 440.
[134] Schmied Wieland: Auersbergers wahre Geschichte. 2014. 47.

BEGEGNUNGEN UND AMBIVALENZEN

„Wir fürchten, ja, wir hassen Besucher und wir klammern uns gleichzeitig mit der Verzweiflung der von der Außenwelt gänzlich Abgeschnittenen an sie. Unser Schicksal heißt Stilfs, immerwährende Einsamkeit. In Wahrheit können wir die Personen an unseren Fingern abzählen, die uns dann und wann als sogenannte gewünschte Personen aufsuchen, aber auch vor diesen erwünschten Personen haben wir Angst, sie könnten uns aufsuchen, weil wir vor allen Menschen, die uns aufsuchen könnten, Angst haben, wir haben eine ungeheure Angst davor entwickelt, es könnte uns überhaupt ein Mensch plötzlich aufsuchen, obwohl wir nichts mit größerer Inständigkeit erwarten, als daß uns ein Mensch, und wie oft denken wir: gleichgültig, was für ein Mensch, sei er ein *Un*mensch!, aufsucht und unsere Hochgebirgsmarter unterbricht, unser lebenslängliches Exerzitium, unsere Einsamkeitshölle."[135]

An Thomas Bernhards Literatur ist vieles faszinierend, seine Sprache, die Wahl der Orte, die Entwicklung der Innenwelt der Protagonisten, jedoch sind es die Beziehungen der Menschen untereinander, die Bernhards Bücher so besonders und unvergleichlich machen. Diese Beziehungen sind überraschend, sie sind bizarr, fremdartig, distanziert und doch nah. Das hat damit zu tun, dass es keine Beziehungen geprägt von lebendiger Interaktion und einander zugewandtem Gespräch sind, sondern Begegnungen von Menschen, die ängstlich darauf bedacht sind, autonom und abgegrenzt zu bleiben und gleichzeitig sich nach Nähe und Austausch sehnen. Die Menschen sind aneinander gebunden, sie können nicht miteinander und sie können nicht ohne einander. Diese innere Zerrissenheit und dieser Konflikt spielen sich jedoch nicht sichtbar ab, werden nicht ausgelebt, sondern sind fast ausschließlich in der Gedanken- und Gefühlswelt des Individuums zu finden.

---

[135] Thomas Bernhard: Midland in Stilfs. In: Erzählungen. 1988. 112.

Thomas Bernhards Protagonisten denken über das Gegenüber nach, grübeln, mutmaßen, interpretieren, sind neugierig, beobachten, lauschen geduldig oder beschreiben akribisch, beschimpfen und entwerten, wollen sich vom Gegenüber befreien, indem sie es zu verstehen versuchen, aber sie entdecken das Gegenüber nicht, sondern nur sich selbst. Der andere ist nur Mauer, Reflektor, in dem sich der Protagonist spiegelt. In den Theaterstücken zeigt Thomas Bernhard einen weiteren verzweifelten Versuch, das Gegenüber zu ergründen. Die Gute redet in „*Ein Fest für Boris*" mit der Bediensteten Johanna über ihren Mann Boris, der Vater der Sopranistin redet im Stück „*Der Ignorant und der Wahnsinnige*" in der Operngarderobe mit dem Doktor über seine Tochter. Man redet also nicht miteinander, sondern übereinander.

Im Vermeiden eines lebendigen, emotionalen, auch sprachlichen Austausch liegt das Charakteristikum der Begegnungen, diese Ambivalenz ist schmerzhaft, fast unerträglich die Einsamkeit, die Sehnsucht nach Nähe und Kontakt ist groß, doch die Angst vor der Begegnung und Austausch mit und Bindung zum Gegenüber überwiegt.

Der 82-jährige Reger, Hauptfigur im letzten Prosaband Bernhards „*Alte Meister*", setzt sich seit 35 Jahren jeden zweiten Tag außer Montag auf eine Bank im Bordone-Saal des Kunsthistorischen Museums und betrachtet und studiert und meditiert über Tintorettos „Weißbärtigen Mann". Atzbacher, der Ich-Erzähler beobachtet Reger beim Beobachten und protokolliert alles, was der von sich gibt. Irrsigler, Oberaufseher im Museum, hält Reger die Bank im Saal frei, die beiden kennen sich seit 30 Jahren. Irrsigler spricht Reger alles nach, er ist dessen Sprachrohr.

In „*Verstörung*", einem 1967 erschienen Roman, begleitet der Ich-Erzähler seinen Vater, einen Landarzt bei Hausbesuchen. Der letzte Besuch des Tages gilt dem Fürsten Saurau, der auf der Mauer der Burg Hochgobernitz hin und her geht und über das Schicksal des Schlosses und des Gutshofes, der Familie und der Welt frei assoziierend schwadroniert und dabei an die Beziehung zwischen Thomas Bernhard und seinem Großvater Freumbichler erinnert. Arzt und Sohn begleiten den Fürsten bei seinem Selbstgespräch.

Auch der Fürst ist in jenem erwähnten Ambivalenzkonflikt gefangen: *"Bin ich allein, habe ich Lust unter Menschen zu sein, bin ich unter Menschen, habe ich Lust allein zu sein. Ich mache mir die größte Mühe"*, sagte er, *"andere als meinen eigenen Kopf zu verstehen, und ich verstehe die anderen Köpfe nicht."*[136]

In der Erzählung „An der Baumgrenze" sitzt der Erzähler in einer Gaststube eines Wirtshauses in Mühlbach, wohin er als Gendarm versetzt wurde und versucht einen Brief an seine Verlobte zu schreiben. Mehr und mehr rückt aber ein junges Paar in den Mittelpunkt seines Interesses, er gibt nur mehr vor zu schreiben, redet mit der Wirtin, belauscht aber die Gespräche der beiden.

"Ich war müde, gleichzeitig aber wegen der beiden jungen Leute unfähig, aus dem Gastzimmer hinaus und in den ersten Stock, in mein Zimmer zu gehen. Ich sagte mir, es ist schon elf, geh schlafen, aber ich ging nicht" ...
"Wenn es mir gelänge, plötzlich Klarheit über diese beiden jungen Menschen, Verliebten zu haben, dachte ich."[137]

In „Korrektur" hat sich der Erzähler in der Dachkammer des Hauses von Tierpräparator Höller einquartiert. Er setzt sich dort mit den Papieren und Plänen seines Jugendfreundes Roithamer auseinander, der vor seinem Suizid in dieser Dachkammer den Bau eines besonderen Hauses, dem Kegel, für seine Schwester plante. Der Erzähler versucht sich in die Figur Roithamers einzufühlen, studiert dessen Aufzeichnungen und identifiziert sich mit ihm, bis er zu Roithamer wird. Er beobachtet den Tierpräparator Höller stundenlang vom Fenster aus, sehnt sich nach Kontakt und fürchtet ihn, er deutet dessen Verhalten als Reaktion auf sein eigenes, ein bizarres Spiel von Verdacht, Mutmaßung und Interpretation.

"Jeden Augenblick dachte ich, der Höller dreht sein Licht auf, aber er drehte es nicht auf, vielleicht, dachte ich, weil er die Situation erfaßt hatte, daß ich nämlich das Licht in der höllerschen Dachkammer nur ausgedreht habe, damit er das Licht in seiner Werkstatt wieder aufdreht, daß er weiß, daß ich

---

[136] Thomas Bernhard: Verstörung. 1988. 178.

[137] Thomas Bernhard: An der Baumgrenze. In: Erzählungen. 1988. 106.

nicht, wie ich ihm vormache, ins Bett gegangen bin, sondern noch immer am Fenster stehe und nur darauf warte, daß er das Licht in der Werkstatt wieder aufdreht und ich ihn dann wieder sehen und beobachten kann."[138]

Vielleicht wirkt es weit hergeholt und doch erinnert diese zwanghafte Beobachtung des Gegenübers an biographische Besonderheiten im Leben Thomas Bernhards. Noch im Mutterleib ist Thomas Bernhard den Beobachtungen der Hebammenschülerinnen in Holland ausgesetzt, er schaukelt in der Hängematte des Schiffskutters depriviert vor sich hin und zeigt im Kinderheim im Gitterbett Symptome von Hospitalismus. Die Mutter darf ihn nur anschauen. Er ist ausgesetzt, ausgestellt, zur Beobachtung freigegeben. Hans Höller, ein Biograph Bernhards, sieht hier auch eine Verbindung zwischen Werk und Biographie.

„Man könnte die späteren Aufbahrungs- und Begräbnisrituale im Werk Bernhards als Versuche deuten, jene - vereinfacht gesagt - gänzliche Verlassenheit im Gitterbett des Kinderheims heraufzuholen in symbolisch-zeremonielle Formen der Anteilnahme an dem Toten. Thomas Bernhard hatte es schon als Kind gerne, sich totzustellen, um Mutter und Stiefvater zu erschrecken. Ein Spiel, das selbst noch den Schriftsteller fesseln konnte, wenn er in karnevalesken Aufbahrungsszenen, wie Karl Hennetmaier berichtet, den Toten spielt."[139]

Thomas Bernhards Protagonist wird beobachtet und denkt über den Beobachter nach, er bedenkt sein Verhalten so, wie er glaubt, dass der Beobachter es sich denkt, und versucht über die Gedanken nicht nur das Gegenüber, sondern auch dessen Verhalten zu erfassen, in seiner Sinnhaftigkeit zu begreifen. Ein Labyrinth von Projektion, Identifikation und projektiver Identifikation. All das spielt sich aber auf einer vordergründig rein rationalen Ebene ab, die emotionale Komponente der Interaktion bleibt vorerst ausgeklammert.

---

[138] Thomas Bernhard: Korrektur. 1988. 168 f.
[139] Hans Höller: Thomas Bernhard. 2011. 32.

BEZIEHUNGEN SIND BEOBACHTUNGEN

„Meine Ankunft in Jauregg, abends, gegen acht Uhr, vor drei Jahren, denke ich, hat zu Hoffnungen berechtigt, die sich nicht erfüllt haben, im Gegenteil, meine Lage hat sich von dem Augenblick an, als ich den jaureggschen Boden betrat, nur verschlimmert" ... „so habe ich schon bald einsehen müssen, daß ich, indem ich in die Dienste der jaureggschen Steinbrüche trat, einem Irrtum zum Opfer gefallen bin. Hier sind keine Kontakte zu Menschen zu knüpfen, denn die Verhältnisse, die hier herrschen, und die Menschen, die hier in den jaureggschen Steinbrüchen leben, machen die Anknüpfung von Kontakten, wie ich sie wünsche, unmöglich. Vor allem ist das hier von jedem einzelnen als die hervorragendste Kunst entwickelte Mißtrauen gegen alles schuld an der völligen Kontaktlosigkeit zwischen allen in den jaureggschen Steinbrüchen Beschäftigten."[140]

Thomas Bernhards Protagonisten, fast immer Männer, sind einsame Menschen, Einzelgänger, sie suchen Orte auf, von denen sie glauben, dass dort ihr Schicksal eine positive Wende nehmen wird, aber müssen sich bald eingestehen, dass sie sich getäuscht haben, die Hoffnung auf Neubeginn und Veränderung zerbricht. Sie sind beziehungslos und beziehungshungrig. Mal gibt es Brüderkonstellationen, so in *„Amras"*, *„Die Mütze"*, *„Midland in Stilfs"* und in *„Am Ortler"*, in denen der Erzähler vom schlimmen Schicksal des Bruders berichtet, mal scheint der Erzähler fragmentiert in mehrere Personen, die sich nur in wenigen aber von Bernhard akribisch bearbeiteten und zergliederten Details voneinander unterscheiden: Koller, Kollers Freund, Einzig, Goldschmidt, Grill und Weninger in *„Die Billigesser"*, Scherer, Öhler und Karrer in *„Gehen"*; Reger, Atzbacher und Irrsigler in *„Alte Meister"*; der Erzähler, Glenn Gould und Wertheimer in *„Der Untergeher"*; der Erzähler, Roithamer und Höller in *„Korrektur"* ...

---

[140] Thomas Bernhard: Jauregg. In: Erzählungen. 1979. 43 f.

Das Gegenüber ist entweder eine Einzelperson, oder eine Gruppe nicht näher individualisierter Personen, anonyme Massen anderer Menschen, die Jäger und die Gärtner in „*Auslöschung*", die Dorfleute und die Fabrikarbeiter in „*Frost*", werden „zerdacht", zergliedert und seziert.

In diese Personen gilt es einzudringen, sie zu verstehen, um auch Prognosen über deren weitere Entwicklung und deren Verhalten abzugeben, um sie einschätzen zu können, auch in offiziellem Auftrag.

In „*Frost*" erhält ein junger Medizinstudent vom besorgten Bruder des Kunstmalers Strauch den Auftrag, diesen in der düsteren Ortschaft Wenig, wohin er sich zurückgezogen hat, zu besuchen und zu beobachten. Der Famulant protokolliert den psychischen Verfall, die „Auflösung" des Kunstmalers tagebuchartig und erstattet dem Bruder Bericht.

In zwei Büchern wird diese akribisch-hungrige Beobachtung des Gegenübers auf die Spitze getrieben. Der Privatgelehrte Koller – in vielen Büchern Bernhards treffen wir auf Gelehrte, Forscher, die sich in meist wissenschaftliche Themen vertiefen und Theorien entwickeln, aber meist eine Schreib- oder Forschhemmung haben – Hauptfigur im 1980 erschienen Roman „*Die Billigesser*" lernt vier Männer kennen, die in der Wiener Öffentlichen Küche stets das billigste Menü wählen. Kurz vor seinem Tod nach Sturz über eine Stiege versucht Koller einem Freund die Ergebnisse seiner Studie, seines Lebenswerks über „Physiognomik" darzustellen, Erkenntnisse, die er auch im Kontakt mit den Billigessern und der minutiösen Beobachtung dieser Männer gewonnen hat.

Das Buch enthält auch autobiographische Details, Thomas Bernhard erinnert sich darin an wirtschaftlich schwierige Zeiten in Wien in den 50er Jahren und beschreibt sein Verhältnis zum Großvater. Über das Lebenswerk Kollers und seine Studienergebnisse wird wenig Konkretes berichtet, die Beziehung zwischen Koller und seinem Freund ist geprägt von Enttäuschung und Kränkung, bekommt zuletzt aber auch eine latent homoerotische Komponente.

*„Solange ich ihn gekannt habe, hatte ich immer den Wunsch, mit ihm in eine nähere als oberflächliche Beziehung einzutreten, in eine tiefere Vertrautheit, aber sein Wesen duldete es nicht, mir meinen Wunsch, der ihm möglicherweise sogar als ein unstatthaftes Ansinnen vorgekommen war, zu erfüllen, indem ich andauernd den Versuch einer Annäherung gemacht hatte, ganz offen ihm gegenüber fortwährend den Wunsch gehabt hatte, mich ihm auch in einer tieferen **geistigen** Beziehung anzuschließen und er gegen alle diese meine Versuche und Wünsche alles unternommen hatte, was ihm nur möglich gewesen war, konnte das Verhältnis zwischen mir und ihm niemals ein solches von mir **gewünschtes noch tieferes** sein, als es natürlich den Umständen und dem jahrelangen Umgang entsprechend schon gewesen war."*[141]

In „Kalkwerk" (1970) lebt der Privatgelehrte Konrad mit seiner seit Jahren an den Rollstuhl gefesselten Frau, die gleichzeitig seine Halbschwester ist, in einer umgebauten Fabrik. Das Ehepaar ist isoliert, die Alltagsgestaltung wird trist, eigentlich unerträglich dargestellt, die Frau ist aufgrund ihrer Behinderung ihrem Mann völlig ausgeliefert, deswegen hat er sie auch geheiratet. Konrad missbraucht sie nämlich jahrelang als Objekt seiner wissenschaftlichen Forschung, der „urbantschitschen Methode".

„Die meiste Zeit konzentrierten sie beide sich mit der größten Intensität auf die urbantschitsche Methode, das bedeute auch von ihrer Seite wochenlange, ununterbrochene Disziplin, keinerlei Auflehnung. Manchmal ertrage sie es aber plötzlich nicht mehr, in ihrem Sessel zu sitzen, und sie sei nahe daran, die Beherrschung zu verlieren."[142]

Viktor Urbantschitsch (1847-1921) entwickelt als HNO-Arzt in Wien eine Methode zum Training des Gehörorgans, er war der Überzeugung, dass mangelnde Hörfähigkeit im Alter oder bei Taubheit, durch „Inaktivitätslethargie" verursacht sei, die durch ein gezieltes und konsequent angewandtes Hörtraining zu überwinden sei. Im Roman bietet Konrad seiner Frau in stundenlangen an Folter erinnernden Sitzungen, Silben, Geräusche, Worte und Sätze an, die sie

---

[141] Thomas Bernhard: Die Billigesser. 1988. 60 f.
[142] Thomas Bernhard: Das Kalkwerk. 2014. 87.

zu kommentieren habe. Diese Kommentare protokolliert Konrad wiederum. Als Gegenleistung versorgt er sie und liest ihr vor. Der Machtkampf, das beiderseitige sado-masochistische Martyrium eskaliert in einem Traum, als „die Konrad", die endlich fertiggestellte Studie ins Feuer wirft und „der Konrad" daraufhin seine Frau erschießt.

Die Beziehungen zu Frauen, meist Schwestern, sind in Thomas Bernhards Büchern geprägt und in „*Kalkwerk*" auf die Spitze getrieben von hoffnungsloser Abhängigkeit mit oft inzestuösem Gepräge, Distanz und Unverständnis. Auch die Schwestern in „*Auslöschung*" werden argwöhnisch beobachtet, auf Distanz gehalten, gehasst, wie Menschen zweiter Klasse behandelt und unterdrückt. Das zuerst als Liebespaar vom neuen Dorfgendarmen eingestufte junge Paar, entpuppt sich in der Erzählung „*An der Baumgrenze*" als inzestuöse Beziehung. Der Bruder verlässt mitten in der Nacht die Schwester und geht aus dem Zimmer des Dorfgasthauses, die junge Frau verstirbt nach Aufbrechen der Tür an einer Medikamentenvergiftung.

In anderen Werken gelingt Bernhard zumindest der Sprung von der alles zerdenkenden Monade über die rein rationale, affektentkoppelte Beziehung zu Objekten in die Triade. Hier haben Frauen, die in Beziehungen stehen, Beziehungen zu anderen Männern. Thomas Bernhard bevorzugte auch Kontakte zu „*sehr gut verheirateten Frauen*", so Hennetmair. Und bei diesem Freund von Thomas Bernhard liest man weiter:

„Thomas erklärte mir, daß er sofort eine Frau nehmen würde, aber die müsste sein wie eine Magd. Über zehn Minuten lang, wie schon öfter, zählt er alles auf, was bei ihm eine Frau nicht machen oder sein dürfte. So eine Frau, wie sie sein Großvater gehabt hat, so eine würde er brauchen. Die hat aufgerieben (wöchentlich den Holzfußboden), konnte Gäste empfangen, erledigte unangenehme Behördengänge, hat gute Briefe geschrieben, hat es erduldet, daß der Großvater eine Woche nicht mit ihr gesprochen hat, ohne nach dem Grund zu fragen, na und drei Kinder haben sie halt gehabt miteinander. Das möchte ich ja auch haben, eine fürs Bett, aber dann hätte ich an allem anderen sicher so viel auszusetzen, daß ich sie am zweiten Tag aus-

jagen würde. Eine Frau für mich, die gibt es nicht. Oder es wäre alles aus. Ich könnte dann halt nichts mehr schreiben."[143]

Der Mann der Wirtin im Roman „*Frost*" sitzt im Gefängnis, der Wasenmeister ist ihr geheimer Geliebter und sehnsüchtig erwartet sie die Bierführer. Die Mutter des Ich-Erzählers in „*Auslöschung*" hat ein Geheimnis, ein bereits seit vielen Jahren andauerndes Verhältnis zum Erzbischof und päpstlichen Nuntius Spadolini, einem Freund der Familie. Auch die Perserin in „*Ja*" ist verheiratet. Ihr Mann, ein Schweizer baut in Südamerika Kraftwerke und für seine vereinsamte Frau ein sehr abgelegenes Haus. Zwischen ihr und dem Erzähler entsteht eine Freundschaft, man erfährt von täglichen gemeinsamen Spaziergängen, einer gewissen Vertrautheit und Nähe:

„Jetzt schien eingetreten zu sein, was ich bei meiner ersten Begegnung mit ihr beim Moritz mir gewünscht hatte, daß ich einen idealen Partner für Geist und Gemüt haben werde in dieser immer nur geistfeindlichen und gemütsabtötenden Gegend."[144]

Doch recht rasch kommt es zur Entfremdung, der Kontakt reißt ab. Wochen später erfährt der Erzähler von Suizid der Perserin.

Es gibt also den einsamen und sehr darunter leidenden Eremiten, den beziehungsunfähigen hochgradig ambivalenten Beobachter in der als bedrohlich abgewehrten Dyade und den sich absichernden und rasch nach einem Ausweg suchenden Dritten in der Triade. Triebtheoretisch könnte man vereinfachend sagen, der Sprung von der analen Phase in die ödipale Phase gelingt nicht, die Flucht durch Regression in den Narzissmus erfolgt reflexartig. Der hohe Preis ist Einsamkeit.[145]

Gibt es aber auch „gesunde" Beziehungen in Bernhards Büchern, Beziehungen geprägt von Respekt, Wertschätzung, gar Liebe?

---

[143] Karl Ignaz Hennetmaier: Ein Jahr mit Thomas Bernhard. 2003. 123.
[144] Thomas Bernhard: Ja. 1988. 136.
[145] Shmuel Erlich: Über Einsamkeit, Narzissmus und Intimität. 2003.

Zuletzt wird man auf der Suche nach emotionalen Beziehungen auch und sogar bei Thomas Bernhard fündig. Reger, einer der Protagonisten in „Alte Meister" erzählt vom schmerzlichen Verlust seiner Frau, von seinen Besuchen am Grab der Gattin, von der langen Phase des Trauerns und des Schmerzes, von Tränen und von Liebe. Im Buch „Alte Meister" verarbeitet Thomas Bernhard auch den Verlust seines Lebensmenschen Hedwig Stavianicek.

Und endlich: Reger und Atzbacher kommen ins Gespräch und Reger deponiert einen Wunsch: „*Nehmen sie die zweite Karte, sagte er und gehen sie mit mir heute ins Burgtheater, teilen sie mit mir das Vergnügen dieser perversen Verrücktheit, mein lieber Atzbacher …*".[146]

---

[146] Thomas Bernhard: Alte Meister. 1988. 310 f.

DER FAMULANT TRÄUMT

Zum ersten Mal habe ich heute von Strauch geträumt; nach diesem Traum, oder auch schon während dieses Traums, fiel mir ein, daß ich lange Zeit überhaupt nicht mehr geträumt habe, ich selbst kann mich jedenfalls an keinen einzigen Traum in der letzten Zeit erinnern, aber das beruht sicher auch auf einem Irrtum, auf einem der „vom Tod ablenkenden Irrtümer", denn es gibt ja keinen „nichtträumenden Menschen", die Nächte sind Träume, nichts als Träume, die man aber nicht sehen kann, wenn auch wahrnehmen, wenn dieses Wahrnehmen auch unter Ausschaltung des Bewußtseins vor sich geht; ich habe also zum ersten Mal von Strauch geträumt.[147]

Im Roman „Frost" lässt Thomas Bernhard seine Protagonisten träumen. Zwei Träume des Kunstmalers Strauch, der sich mit der Sehnsucht nach Stabilisierung in den entlegenen Ort Weng zurückgezogen hat, sind ausführlich beschrieben. Den unten angeführten Traum lässt Thomas Bernhard aber den Famulanten träumen. Der bekam vom Bruder des Kunstmalers, einem Chirurgen und Assistenzarzt im Krankenhaus Schwarzach, den bereits erwähnten „Auftrag" – so hätte auch der Titel des Romans ursprünglich lauten sollen – den Kunstmaler zu beobachten, zu begleiten und über dessen Zustand zu berichten. Der Famulant beschreibt einen zunehmenden psychischen Verfall, die „Krankheit der Auflösung" und den Traum des Kunstmalers.

„Ich befand mich in einer Großstadtklinik, in einem Gebäude, das aus allen von mir jemals gesehenen und betretenen Kliniken zusammengesetzt war, und ich war schon im Rang eines Arztes, ich war, wie man mir von allen Seiten, während ich durch diese große Klinik ging, sagte, ein „angesehener Arzt", ja ein „berühmter Arzt", eine „Kapazität", sagte man von allen Seiten, ich hörte das Wort Kapazität von überallher, aus allen Richtungen, es

---

[147] Thomas Bernhard: Frost. 1972. 106.

*dröhnte alles vor und unter dem Wort „Kapazität" und dazwischen auch „medizinische Kapazität", es war ein qualvolles Durch-diesen-Begriff-Durchgehen, ich lief, konnte aber gar nicht laufen, denn „eine Kapazität läuft nicht durch Räume", dachte ich, ich beherrschte mich nicht, war aber beherrscht: ich ging durch riesige Krankenzimmer, in welchen Scharen von Patienten auf mich gewartet hatten, die sich vor mir verneigten. Sie drückten merkwürdigerweise ihre Köpfe ganz auf den Boden herunter, so daß ich ihre Gesichter nicht sehen konnte, ich sah nur ihre langen, mageren und dicken, feisten Rücken, ich sah diese Rücken und die Vorderfüße dieser Menschen, merkwürdigerweise wußte ich sie alle beim Namen zu nennen, ich rief einige auf, und es war qualvoll, als diese von mir Aufgerufenen aus der Masse der Patientenreihen heraustraten und mir ihre Krankengeschichte erzählten, eigentlich nur durch ein Abwechseln grauenhafter Gesichtsausdrücke; ich hatte hinter mir eine Reihe Ärzte, der Assistent befand sich darunter, mehrere Köpfe, die durchaus Kapazitäten sind, die meine Prüfungen abgenommen hatten, die mir noch Prüfungen abnehmen werden, waren hinter mir in einer entsetzlichen verkrampften Ärzteschaft eingereiht, wie „zur medizinischen Anonymität verurteilt", reagierten sie alle auf mich, auf alles, was den Anschein hatte, als brächte ich es zum Ausdruck; ich sagte: „Es gibt natürlich Konstellationen, die das Leben verbieten!" (ich kann mich genau an diesen Satz erinnern); auf diesen Satz reagierten sie folgendermaßen: sie sprachen den Patienten, die sich gegen diesen Satz aufzulehnen schienen, jede Denkfähigkeit ab, herrschten sie einfach nieder; diejenigen Patienten, die sich nicht von ihnen niederherrschen ließen, wurden von ihnen **entfernt**, unsichtbar gemacht, für mich unsichtbar gemacht; die Ärzteschaft brach darüber in ungeheures Gelächter aus. Ich sagte: „Das Leben verbietet einzelne Leben!", worauf sie den Patienten hohe Strafen androhten, sollten sie sich zu diesem meinem zweiten Satz äußern; die Ärzte selbst steigerten ihr Gelächter; als dieses Gelächter unerträglich wurde, flüchtete ich in einen anderen Raum, ich befand mich in einem schlachthausähnlichen, weißgekachelten Raum, in einem völlig leeren Raum, in den mich die Ärzteschaft ganz allein hineingehen ließ. Ich fühlte aber, daß die Ärzteschaft an der Tür war, die sich hinter mir geschlossen hatte. Plötzlich sah ich in der Mitte des Raums einen Operationstisch, der zuerst leer war; plötzlich sah ich Strauch auf dem Operationstisch angeschnallt. Plötzlich hatte ich eine vor mir schwebende griffbereite Instrumentensammlung. Strauch lag unbeweglich angeschnallt auf dem Ope-*

rationstisch, der sich dauernd halb rotierend bewegte. *Das fürchterliche war, daß sich der Operationstisch **fortwährend** bewegte; wenn ich nur an ihn ankam, bewegte er sich, und ich sah, daß ich auf diesem Operationstisch nicht würde arbeiten können. „Nein!" schrie ich. Die Ärzteschaft, die draußen stand, drohend, brach aber in Gelächter aus. Sie schrie: „Operieren Sie! Operieren Sie nur!" und lachte. In dem Gelächter der Ärzteschaft hörte ich immer wieder den Assistenten sagen: „Schneiden Sie doch! Warum warten Sie! Schneiden Sie doch! Sie müssen schneiden! Fangen Sie an! Sehen Sie nicht, daß Sie schneiden müssen. Sie sind meinem Bruder **alles** schuldig!" Da fing ich an zu operieren; ich weiß nicht mehr, was für eine Operation es war, eine Reihe von Operationen führte ich gleichzeitig aus: eine Milz-Nieren-Lungen-Herz-Kopf-Operation; und das alles auf einem sich fortwährend bewegenden Operationstisch. Plötzlich sah ich, daß ich den Körper, in dem ich, wie ich glaubte, ganz präzise Operationen vorgenommen hatte, vollkommen zerschnitten hatte. Der Körper war überhaupt nicht mehr als Körper erkennbar. Es war wie ein Fleisch, das ich folgerichtig, tadellos, aber vollkommen verrückt zerschnitten hatte und jetzt wieder tadellos, aber wahnsinnig geworden zusammennähte. Während dieser Operationen, die ihre **strengsten Methoden** hatten, überschüttete mich das Gelächter der Ärzteschaft, die draußen wartete und die scheinbar alles, was ich im Operationssaal tat, verfolgte, jeden Einschnitt begleitete sie mit herausgelachten, herausgekotzten fachmännischen Besserwissersergüssen. Schließlich meinten sie, die Operation sei **beendet und gelungen**, während ich selbst glaubte, ich hätte erst alles „aufgerissen, aufgeschnitten und aufgerissen und vollkommen verkehrt zusammengenäht". Sie strömten alle in den Operationssaal herein und schrien, ich hätte eine großartige Leistung vollbracht, die größte Leistung auf medizinisch-operativem Gebiet, sie jubelten und hoben mich schließlich empor und wollten alle meine Hand drücken, meine Hand küssen, in einen entsetzlichen Jubel waren sie ausgebrochen; von ihnen hoch hinaufgehoben, sah ich, hoch von der Operationsdecke herunter, auf einen Haufen vollkommen verstümmelten Fleisches, das sich unter elektrischen Stößen zu bewegen schien, zu zucken schien, einen Haufen völlig zerstückelten Fleisches, das schlagweise Blut ausstieß, ununterbrochen Blut ausstieß, riesige Mengen Blutes und langsam alles in Blut ertränkte, alles, die Ärzteschaft, alles; auch das Rufen des Assistenten, diese entsetzlichen, in den ungeheuren Blutströmen seines Bruders ertrinkenden Sätze: „Fürchte dich nicht,* *die Operation ist gelungen! Ich bin ja dein Bruder, dein Bruder! Fürchte dich nicht, die Operation ist gelungen ..."*[148]

Ob dieser Traum von Thomas Bernhard selbst geträumt wurde, lässt sich nicht sagen. Doch ist er allemal ein interessantes Dokument, das auch als *„Via regia zur Kenntnis des Unbewußten im Seelenleben"*[149] und so auch zum Unbewussten des Autors Thomas Bernhard dienen kann. *„Das kann schon sein, daß manchmal Teile von meinen Träumen irgendwo in meinen Sachen aufgetaucht sind. Aber nicht bewußt"*, meint Thomas Bernhard 1981 in einem Interview mit Krista Fleischmann.[150]

Ist es legitim von den Texten, den Träumen, den Beschreibungen, die wir in Thomas Bernhards Büchern finden, auf ihn selbst zu schließen? *„Wenn ich so was beschreibe, so Situationen, die zentrifugal auf den Selbstmord zusteuern"*, kommentiert Bernhard selbst 1979 in einem Interview, *„sind es sicher Beschreibungen eigener Zustände, in denen ich mich, während ich schreibe, sogar wohl fühle, eben weil ich mich **nicht** umgebracht habe, weil ich selbst dem entronnen bin"*, ist in Manfred Mittermayers aktueller Bernhard-Biographie zu lesen.[151]

Träume können wie ein Bilderrätsel interpretiert werden. Diese Deutungsmöglichkeit, die Sigmund Freud vorschlug, empfiehlt, den Einzelelementen des Traumes frei assoziierend zu begegnen, Bild für Bild, Symbol für Symbol wie in einem Rebus zu enträtseln und dann zu einem nachvollziehbaren Ganzen zusammenzufügen, um hinter dem manifesten Traum den latenten Traum zu finden.[152] So würde man also zum Bild Krankenhaus, den Patienten, dem Begriff „Kapazität", der Ärzteschaft, dem Operationssaal, den beiden Sätzen, den Operationen, dem zuckenden Fleischhaufen ... assoziieren und auf diese Art zu vielen Informationen aus der Biographie des Träumers,

---

[148] Thomas Bernhard: Frost. 1972. 106 ff.
[149] Sigmund Freud: Die Traumdeutung. 1991. 595.
[150] Thomas Bernhard – Eine Begegnung. Gespräche mit Krista Fleischmann. 1991. 16.
[151] Manfred Mittermayer: Thomas Bernhard. 2015. 151.
[152] Wolfgang Mertens: Traum und Traumdeutung. 2000. 49.

den aktuellen Lebensthemen, den Erinnerungen, Sehnsüchten und Wünschen des Kindes im Träumer, den Triebwünschen und den eigentlichen Traumquellen und -wurzeln kommen. Die Traumarbeit, die Entstellung und Zensurierung des ursprünglichen Motivs kann so Schicht für Schicht dechiffriert werden. Als Hintergrund und tiefstes Motiv des Traumes vermutete Freud einen unerfüllten Kinderwunsch.[153] Aktuelle Tagesreste, Sinnesreize, biographische Elemente, das Empfinden vor und nach dem Aufwachen werden in der Traumdeutung ebenso mitberücksichtigt wie strukturelle Elemente.

„Als ich aufwachte, mußte ich das Fenster öffnen und den Kopf hinausstrecken. Ich hatte das Gefühl, ersticken zu müssen. Draußen aber stand der Mond, und die Sterne kamen mir vor wie Rettungsanker. Die Ärzteschaft in diesem Traum, die ich zum Teil kannte, aber dann doch überhaupt nicht kannte, wie sich einfach herausstellte, hatte Kinderstimmen. Man muß sich vorstellen, diese Ärzte, Männer zwischen neunzehn und siebzig Jahren, oft mit dicken Bäuchen und runden aufgeschwemmten Medizinerköpfen, schrien und lachten wie drei- oder vier- oder dreizehn- oder vierzehnjährige Kinder!"[154]

Zum Zeitpunkt des Schreibens am Roman arbeitet Thomas Bernhards Halbbruder Peter Fabjan, wie Renate Langer im Vorwort ausführt, im Krankenhaus in Schwarzach und berichtet ihm regelmäßig aus seinem medizinischen Alltag, Thomas Bernhard liest Bücher und Skripten, die ihm der Bruder zur Verfügung stellt, besucht mit ihm eine Pathologievorlesung. Eine Sezieranleitung wird zur Vorlage der exakten Beschreibung einer Obduktion in *„Der Ignorant und der Wahnsinnige"*.

Krista Fleischmann merkt im 1981 mit Thomas Bernhard auf Mallorca durchgeführten Interview an, dass in Österreich die Traumdeutung seit Sigmund Freud und die Psychoanalyse eine große Rolle spielen würden. Thomas Bernhard antwortet: *„Ich habe mich mit Sigmund Freud nie so beschäftigt, daß ich darüber etwas sagen könnte, was ei-*

---

[153] Sigmund Freud: Die Traumdeutung. 1991. 544.
[154] Thomas Bernhard: Frost. 1972. 109.

nen Sinn hat" ... *„Ich halt' Freud nur für einen guten Schriftsteller, und wenn ich ihn gelesen hab', hab' ich immer das Gefühl gehabt, das ist ein außergewöhnlicher, großartiger Schriftsteller. Und seine medizinischen Qualitäten kann ich nicht beurteilen, und das, was man als Psychoanalyse bezeichnet, halt' ich persönlich eher für einen Unsinn oder für eine Marotte, von einem zuerst mittelaltrigen und dann halt vergreisten Mann."*[155]

Was hätte aber Thomas Bernhard, wäre er zu einer solchen Deutungsarbeit bereit gewesen, wohl zu den einzelnen Symbolen und Details assoziiert? Verhöhnung und Bloßstellung in der Schule und im Internat? Überforderungssituationen? Erlebnisse im Krankenhaus, in den Sanatorien und in diversen Eingriffsräumen? Das Verhältnis zu den Eltern, dem Großvater, dem Stiefvater, dem Halbbruder? Kindheitserinnerungen? Die Sehnsucht nach Anerkennung auch den ersten Roman „Frost" betreffend? Die Sorge zerpflückt zu werden? Hätte er seiner Wut, seiner Verzweiflung, welcher Angst, welchen Sehnsüchten Ausdruck verliehen? Die Sehnsucht nach dem Weiblichen, nach Schutz und Begleitung angesprochen?

Auf der Ebene der Objektstufendeutung begegnet man dem interpersonellen Aspekt. Wie sind die Beziehungen zwischen den Menschen im Traum, wie in der Realität gestaltet? Welche Beziehungs- und Interaktionsmuster werden beschrieben und wie sind diese entstanden? Wer sind die anderen Protagonisten, die Ärzte, die Patienten, der Mann am Operationstisch oder für wen könnten sie stehen? Erzieher? Lehrer? Literaten? Freunde und Familienmitglieder? Welche Interaktionsrepräsentanzen lassen sich als verinnerlichte (Objekt-)beziehungsgestaltungen, Dyaden erkennen?

Auf der Ebene der Subjektstufendeutung – eine weitere Deutungsebene, die C. G. Jung einführte[156] – begegnen wir dem intrapsychischen Aspekt und verlassen damit auch die Ebene potentieller Externalisierungen und Projektionen. Alle Figuren aber auch Elemente im Traum werden nun als Teilaspekte des Träumers aufgefasst. Thomas

---

[155] Thomas Bernhard – Eine Begegnung. Gespräche mit Krista Fleischmann. 1991. 17 f.
[156] Michael Ermann: Träume und Träumen. 2005. 40.

Bernhard hat die verhöhnende Ärzteschaft in sich, ist der Operateur, der Schlachter, er ist jene hochgejubelte Kapazität, ist aber auch der zerstückelte, blutende und noch zuckende Fleischhaufen. Er ist der zutiefst verunsicherte Zweifler, der sich emporhebende und bejubelte Narziss, der zergliederte, sich in seine Bestandteile auflösende Psychotiker, der tapfere und beherzte Chirurg, der völlig überforderte und alleingelassene Mensch, der Täter und das Opfer, der an einen höheren Auftrag gebundene, der alles analysierende und zerdenkende Sezierer, der vor Wut rasende Fleischer, der buckelnde Patient, die anonyme Ärzteschaft ...

Im laufenden therapeutischen Prozess ist die Übertragungsdeutung noch eine weitere wichtige Ebene. Wo und wie wird die Beziehung zwischen dem Träumer und dem Therapeuten abgebildet? Abgewandelt auf die Beziehung zwischen Schriftsteller und Leser lädt Thomas Bernhard ein, sich mit den durch seine Traumdarstellung induzierten (Gegenübertragungs-) gefühlen auseinanderzusetzen.

ZULETZT DOCH NOCH EINE DIAGNOSE?

„Weil ich fürchtete, meine unmittelbare Umwelt in dem Haus könnte darauf kommen, wie es um mich bestellt ist, schickte ich alle Dienstboten weg und befahl ihnen, das Haus so lange nicht mehr zu betreten, bis mein Bruder aus Amerika zurück und alles wieder in der gewohnten Ordnung ist. Ich versuchte keinerlei Verdacht in Bezug auf meine Krankheit, auf meine *Krankhaftigkeit* zu erwecken. Die Leute fügten sich und gingen zufrieden, überbezahlt und froh weg."[157]

In den aktuell gültigen Diagnoseschemata DSM-V (Diagnostisches und statistisches Manual psychischer Störungen) bzw. ICD-10 (10. Auflage der internationalen Klassifikation von Krankheiten) überwiegt der phänomenologisch-deskriptive Ansatz. Werden nach sorgfältigem Gespräch mit Befunderhebung (Anamnese) bestimmte Symptome eruiert, werden sie zu einem Symptomenkomplex (Syndrom) zusammengefasst und sind weitere Forderungen erfüllt (psychosoziale Leistungseinbuße, Zeitkriterium ...), so wird eine Diagnose gestellt.

Im Kontrast dazu geht es im ätiologischen Ansatz um die Beschreibung der vermuteten Krankheitsursachen und auslösenden Faktoren in der körperlichen, psychischen, sozialen und spirituellen Dimension. In diesem Zusammenhang kann das ursprünglich nur für die Schizophrenie erarbeitete ätiologische Vulnerabilitäts-Stress-Coping-Modell für alle psychischen Erkrankungen angewendet werden. Eine genetisch bedingte Sensibilität pfropft sich auf eine angeborene oder frühkindlich erworbene Vulnerabilität (Verletzlichkeit) und kommen weitere Belastungsfaktoren und Traumata dazu, kann es bei Überforderung der Bewältigungs- und Anpassungsstrategien zu einer De-

---

[157] Thomas Bernhard: Die Mütze. In: Erzählungen. 1988. 64.

kompensation des Individuums kommen und eine zur Gesamtsituation des Menschen „passende" Erkrankung bricht aus.

Würde man die Protagonisten in den Werken Thomas Bernhards diesen Diagnoseschemata unterwerfen, so würden wohl die meisten von ihnen in die Kategorie Persönlichkeitsstörung fallen, eine unschöne Bezeichnung für Persönlichkeiten, oftmals pointierte Charaktere, mit reifen, aber auch sehr unreifen Anteilen, die zu individuellem Leidensdruck (intrapsychischer Aspekt) und Leidensdruck in ihrer sozialen Umgebung führen (interaktioneller Aspekt).

Im DSM-V werden folgende Persönlichkeitsstörungen unterschieden. Bei der *paranoiden Persönlichkeitsstörung* steht im Mittelpunkt des Erlebens ein tiefes Misstrauen gegenüber der Umwelt, bei der *schizoiden Persönlichkeitsstörung* sozialer Rückzug und eine eingeschränkte emotionale Schwingungsfähigkeit, bei der *schizotypen Persönlichkeitsstörung* finden sich Unbehagen in nahen Beziehungen, Verzerrung des Denkens und die Neigung zu eigentümlichem Verhalten. Bei der *antisozialen Persönlichkeit* geht es um Missachtung und Verletzung der Rechte anderer. Die *Borderline Persönlichkeitsstörung* fällt durch emotionale Instabilität und Impulsivität auf. Bei der histrionischen Persönlichkeitsstörung findet sich ein Muster von übermäßiger Emotionalität und Mittelpunktstrebigkeit. *Narzisstische Persönlichkeiten* fühlen sich großartig, sind wenig einfühlsam und streben nach Bewunderung. *Vermeidend-selbstunsichere Persönlichkeiten* sind kränkbar, sozial gehemmt und fühlen sich unzulänglich. Bei der *dependenten Persönlichkeitsstörung* sind die Betroffenen unterwürfig, anklammernd, haben Verlustängste. *Zwanghafte Menschen* neigen zu Pedanterie, Perfektionismus und übermäßiger Ordnung.[158]

Man geht davon aus, dass ungefähr 10 bis 15 % der erwachsenen Bevölkerung an einer oder einer kombinierten Persönlichkeitsstörung leiden.

---

[158] Diagnostisches und Statistisches Manual Psychischer Störungen. DSM-V. 2015. 883 f.

In der Institution Psychiatrie oder zur Psychotherapie treffen diese Menschen aber meist nur dann ein, wenn der Leidensdruck groß wird, eine Dekompensation der Persönlichkeit durch Überforderung von Abwehr- und Bewältigungsmechanismen droht oder eingetreten ist oder sich eine schwerere psychische Erkrankung bereits manifestiert hat.

Thomas Bernhards Charaktere sind meist einsame Grenzgänger, oftmals in besorgniserregendem Zustand, grenzkompensiert. Sie haben Strategien entwickelt, psychosoziale Arrangements gefunden, die ihnen gerade noch Stabilität erlauben. Besonders lebensnah und dramatisch beschreibt Thomas Bernhard die Typen mit Ich-Pathologie (paranoid, schizoid, schizotypisch) und narzisstische Persönlichkeiten, verzweifelte Menschen, die es gerade noch schaffen zu überleben. Vom Zusammenbruch im Sinne einer narzisstischen Krise – durch Entwicklung einer Psychose oder Suizid – erfährt man oft erst später.

„Der neue Erzieher schloß sich mir nach dem Vormittagsunterricht unter den Fenstern des großen Schlafsaals an. Er war bleich vor Überanstrengung, klagte aber nicht. Seine Bedürfnislosigkeit beschäftigte mich in Gedanken, während wir rasch vorwärts, schließlich bis vor die Mauer der Brauerei kamen, auf die schmerzhafteste Weise, als er plötzlich von seiner frühesten Kindheit und dann sofort von der Schlaflosigkeit, die ganz eng mit seiner frühestens Kindheit zusammenhängt, zu reden anfing."[159]

Der seit vielen Jahren unter tagelangen Schlafstörungen leidende neue Erzieher vertraut sich seinem Kollegen an. Wenn er dann doch kurz einschlafe, höre er unter seinem Fenster ein Tier, das Futter suche. Auch an seiner letzten Arbeitsstelle sei es so gewesen. Völlig erschöpft nach 36 Nächten ohne Schlaf hätte er mit seiner Pistole diesem Tier in den Kopf geschossen und danach gekündigt. Aber auch jetzt bemerke er schon die Anzeichen neuen Unheils.

Unheil droht, Bedrohliches wird erahnt, Krankheit, Suizid oder Verbrechen zeichnen sich ab, das Unbewusste öffnet seine Ventile. So

---

[159] Thomas Bernhard: Zwei Erzieher. In: Erzählungen. 1988. 58.

bei den Protagonisten Thomas Bernhards, so wohl mitunter auch bei Thomas Bernhard selbst. Kontrollverlust, das Versagen der Abwehr, Dekompensation, die innere Homöostase zerbricht.

Im Zusammenhang mit Thomas Bernhard scheint mir eine Art von Persönlichkeitsstörung, die in der psychiatrisch-psychotherapeutischen Literatur nicht sehr ausführlich behandelt wird, besonders interessant: eine Subform des Narzissmus, der vulnerabel-fragile Typ. Narzissmus, im Sinne einer positiven Besetzung der eigenen Person, ist in gewissen Grenzen eine wichtige und normale Dimension der Persönlichkeit. Eine hohe Ausprägung von Narzissmus im Sinne einer narzisstischen Persönlichkeit hingegen geht einher mit Selbstüberschätzung, großspurigem Auftreten, mangelnder Empathie und einem Hang zu ausbeuterischer Verhalten. So der klassische, grandiose Typ.

Der vulnerabel-fragile Typ (auch verdeckter Narzissmus genannt) im Kontrast dazu hat andere Strategien zur Selbstwertgefühlsregulation erlernen müssen. Dieser Typ wirkt ängstlich, depressiv, empfindsam und introvertiert, er beschäftigt sich gedanklich aber häufig mit Größenphantasien, konkurriert, sieht sich im Mittelpunkt der Welt und überprüft ständig seine Umwelt auf Kritik und potentielle Kränkungen, versucht die Gedanken der Mitmenschen zu antizipieren. Ihre Sensitivität für Misserfolge und Kränkungen versuchen diese Menschen durch Vermeiden von sozialen Kontakten und einem vordergründig betont bescheidenen Verhalten zu regulieren.[160]

Als Auslöser werden in allen Erklärungsansätzen invalidierende Erfahrungen mit den primären Bezugspersonen postuliert, kreisend um interaktionelle Erfahrungen wie Abwertung, Vernachlässigung, Beschämung. Misserfolge, Kränkungen, Kritik, Abkehr wichtiger Bezugspersonen, schon Missverständnisse können schwere narzisstische Krisen auslösen und führen zur Dekompensation dieser fragilen Menschen bis hin zum Suizid.[161]

---

[160] Class-Hinrich Lammers et al.: Narzisstische Persönlichkeitsstörung. 2013. 882.
[161] Aline Vater et al.: Narzisstische Persönlichkeitsstörung. 2013.

Der Umgang mit diesen Menschen ist nicht einfach und doch gibt es neben Strategien und Empfehlungen für den Alltag[162] auch elaborierte und evaluierte Psychotherapiemethoden[163]. Diese Darstellung würde aber Rahmen und Intention dieses Buches sprengen. Ein Lehrbeispiel an Geschick und Einfühlung im Umgang mit solchen Menschen stellt aber zweifellos der Briefwechsel zwischen Thomas Bernhard und seinem Verleger Siegfried Unseld dar, den ich abschließend als Hörbuch empfehlen möchte.[164]

---

[162] Francois Lelord: Der ganz normale Wahnsinn. 2008. 124 f.
[163] John F. Clarkin et al.: Psychotherapie der Borderline-Persönlichkeit. 2002.
[164] Thomas Bernhard, Siegfried Unseld: Der Briefwechsel. Hessischer Rundfunk. Der Hörverlag. 2008.

NACHWORT

Thomas Bernhard überlebt. Er überlebt die Abtreibungsversuche, die Deprivation der ersten Lebensmonate, die schwarze Pädagogik in der Familie, wie auch in den nationalsozialistischen und katholischen Erziehungsanstalten, sein Schultrauma, er überlebt Bombenangriffe und Krieg, seine aus tiefster Einsamkeit, Überforderung und Verzweiflung resultierenden Suizidversuche, Tuberkulose und Armut.

Er überlebt aber nicht unbeschadet, seine Persönlichkeit ist irritiert, verformt, er pendelt zwischen tiefer Depression und psychosenahem Erleben, gefangen in durch belastende Bindungserfahrungen verursachten, chronischen und alle Lebensbereiche durchdringenden Ambivalenzkonflikten.

Psychische Entwicklung ist auch als Lösung entwicklungsrelevanter Konflikte aufzufassen. Unsere Biographien sind durchsetzt von Bipolaritäten, Gegensatzpaaren, Polen. In diesen mit Ängsten einhergehenden Konfliktspannungen gilt es von klein auf kreative Kompromisslösungen zu finden, Integrationsleistungen zwischen einerseits zum Anderen, zum Nächsten, zum Gegenüber, dem Objekt zielenden Strebungen (Heterophilie) und solchen, die auf das Ich gerichtet sind (Autophilie). In jeder Begegnung, in jedem Gespräch, in jeder Interaktion oszillieren wir Menschen unzählige Male pro Tag zwischen den Polen Innenschau und Außenwahrnehmung, Selbstbezogenheit versus Objektbezogenheit, Selbstwertigkeit versus Objektwertigkeit, hören jemandem zu und horchen in uns hinein, sehen unser Gegenüber an und dann uns selber. Erstarrt diese Fähigkeit zum Innehalten und zur Selbstwahrnehmung im Wechsel mit Objektwahrnehmung, diese Fähigkeit zum Pendeln zwischen den Polen durch ungünstige primäre Objektbeziehungen und/oder akute oder chronische Traumatisierungen, erfolgt also die notwendige Subjekt-Objektdifferenzierung nicht, entstehen chronische innerpsychische Konfliktkonstellationen, die bei entsprechenden Auslösern entweder zu einem extremen narzisstischem Rückzug, hasserfüllter Abwendung, affektentkoppelter Distanz oder bedrohlich großer Sehnsucht nach Nähe und Verschmelzung mit dem Objekt führen können.

Die Besonderheit und Verletzbarkeit der Protagonisten Thomas Bernhards und wohl seiner selbst besteht in der unendlich großen Sehnsucht nach einem Gegenüber, nach Nähe, bedingungsloser Hingabe und Bewunderung bei gleichzeitiger Angst vor Identitätsverlust, Auflösung und Selbstverlust, was sofort Rückzug nach sich zieht.

„Er war aber sehr mißtrauisch, was dazu führte, daß er stets zwischen Geselligkeits- und Isolationsbedürfnis, zwischen Kontaktsuche und Beziehungsphobie hin und her gerissen war. Dies mochte auch der Grund sein, warum er bei vielen Leuten im Ruf stand, ein „Schwieriger" zu sein."[165]

Dieses zentrale Dilemma wird nun individuell ausgestaltet, Thomas Bernhard ringt in seinen Werken nach Lösungen für sein Beziehungsdilemma. Er sehnt sich nach Mutter und Vater und wertet die Frauen ab, er verehrt den Großvater und befreit sich aus dessen Korsett. Er schlägt um sich, wenn er in Frage gestellt wird und möchte doch nur in seinem Sosein respektiert werden. Er schreibt um sein Leben, hechelnd oder atemlos, ohne Absatz, maschinenartig trommelnd. In seinem Leben findet er zusätzlich kreative Kompromisslösungen in Form von besonders gestalteten Beziehungen, Ersatzbefriedigungen, Schiefheilungen, Pseudolösungen.

Ja - Thomas Bernhard ist (auch) ein Fall für die Psychiatrie und Psychotherapie, aber nicht um ihn zu diagnostizieren und zu schubladisieren, sondern um ihn aus dem Wissen um die Psychodynamik aller zutiefst verletzten Menschen heraus, ehrfürchtig und voller Bewunderung zu begegnen, hat er doch für sich und für die Menschheit einen kreativen Weg gefunden, seine schwierige Biographie zu bewältigen und Weltliteratur zu schaffen.

---

[165] Rudolf Brändle: Zeugenfreundschaft. 1999. 113.

DER AUTOR

Herwig Oberlerchner, Mag. phil., Dr. med. univ., MAS, geb. 1964 in Villach, Leiter der Abteilung für Psychiatrie und Psychotherapie am Klinikum Klagenfurt am Wörthersee. Psychotherapeut (Psychoanalyse), Lehranalytiker beim Salzburger Arbeitskreis für Psychoanalyse. Lehrbeauftragter der Universitäten Graz, Wien und Klagenfurt. Veröffentlichungen zu den Themen Psychiatrie im Nationalsozialismus, Schizophrenie und Trauma. Im Verlag Wissenschaft und Praxis sind bisher erschienen: Der Kaspar-Hauser-Mythos. Psychoanalytisch orientierte Assoziationen auf den Spuren des rätselhaften Findlings (1999) und Propheten. Begegnungen mit paranoid schizophrenen Menschen (2001). Letzte Buchveröffentlichung als Herausgeber: Dem Menschen nahe sein. Vom Umgang mit Leiden, Würde und Sterben. Styria: Wien, Graz, Klagenfurt. 2014.

LITERATUR

Primärliteratur

Im Folgenden sind jene im Text zitierten oder erwähnten Bücher Thomas Bernhards in der jeweiligen mir vorliegenden Auflage angeführt. Im Suhrkamp Verlag ist kürzlich die 22 Bände umfassende Thomas Bernhard-Werkausgabe erschienen.

Thomas BERNHARD (1985): Alte Meister. Suhrkamp. 2013.

Thomas BERNHARD (1964): Amras. Suhrkamp. 1988.

Thomas BERNHARD (1986): Auslöschung. Suhrkamp. 1988.

Thomas BERNHARD (2009): Die Autobiographie. Die Ursache. Der Keller. Der Atem. Die Kälte. Ein Kind. Residenz Verlag. 2014.

Thomas BERNHARD (1982): Beton. Suhrkamp. 1988.

Thomas BERNHARD (1970): Das Kalkwerk. Suhrkamp. 2014.

Thomas BERNHARD (1971): Der Italiener. Suhrkamp. 1989.

Thomas BERNHARD (1978): Der Stimmenimitator. Suhrkamp. 1987.

Thomas BERNHARD (1983): Der Untergeher. Suhrkamp. 1988.

Thomas BERNHARD (1980): Die Billigesser. Suhrkamp. 1988.

Thomas BERNHARD (1969): Ereignisse. Suhrkamp. 1994.

Thomas BERNHARD (1979): Erzählungen. Suhrkamp. 1988.

Thomas BERNHARD (1963): Frost. Suhrkamp. 1972.

Thomas BERNHARD (1971): Gehen. Suhrkamp. 1977.

Thomas BERNHARD (1988): Heldenplatz. Suhrkamp. 2013.

Thomas BERNHARD (1984): Holzfällen. Eine Erregung. Suhrkamp. 2012.

Thomas BERNHARD (1978): Ja. Suhrkamp. 1988.

Thomas BERNHARD (1975): Korrektur. Suhrkamp. 1988.

Thomas BERNHARD (2009): Meine Preise. Suhrkamp. 2014.

Thomas BERNHARD (1988): Stücke 1. Suhrkamp. 1988.

Thomas BERNHARD (1967): Verstörung. Suhrkamp. 1988.

Thomas BERNHARD (1969): Watten. Suhrkamp. 2012.

Thomas BERNHARD (1982): Wittgensteins Neffe. Eine Freundschaft. Suhrkamp. 1987.

Sekundärliteratur

Diagnostisches und Statistisches Manual Psychischer Störungen. DSM-V. Hogrefe. 2015.

Dieter BECK: Krankheit als Selbstheilung. Wie körperliche Krankheiten ein Versuch zur seelischen Heilung sein können. Suhrkamp. 1985.

Thomas Bernhard für Boshafte. Zusammengestellt von Raimund FELLINGER. Insel Taschenbuch. 2014.

Thomas BERNHARD, Siegfried UNSELD: Der Briefwechsel. Hessischer Rundfunk. Der Hörverlag. 2008.

Rudolf BRÄNDLE. Zeugenfreundschaft. Erinnerungen an Thomas Bernhard. Residenz Verlag. 1999.

Walter BRÄUTIGAM, Paul CHRISTIAN (1973): Psychosomatische Medizin. Ein kurzgefaßtes Lehrbuch. Thieme. 1986.

John F. CLARKIN, Frank E. YEOMANS, Otto F. KERNBERG: Psychotherapie der Borderline-Persönlichkeit. Schattauer. 2002.

Shmuel ERLICH: Über Einsamkeit, Narzissmus und Intimität. In: Form Psychoanal. 2003. 19. 54-17.

Michael ERMANN: Träume und Träumen. Kohlhammer. 2005.

Otto FENICHEL (1975): Psychoanalytische Neurosenlehre. Band I - III. Ullstein. 1983.

Thomas Bernhard (1991): Eine Begegnung. Gespräche mit Krista FLEISCHMANN. Edition S. 1991. 16.

Krista FLEISCHMANN (Hg.): Thomas Bernhard - Eine Erinnerung. Interviews zur Person. Edition S. 1992.

Sigmund FREUD (1900): Die Traumdeutung. Fischer Taschenbuch Verlag. 1991.

Johannes FREUMBICHLER (1937): Philomena Ellenhub. Insel Verlag. 2009.

Erving GOFFMAN (1961): Asyl. Suhrkamp. 1973.

Karl Ignaz HENNETMAIER (2000): Ein Jahr mit Thomas Bernhard. Das versiegelte Tagebuch 1972. 2003.

Hermann HESSE (1906): Unterm Rad. Suhrkamp. 1972.

Hans HÖLLER (1993): Thomas Bernhard. Rowohlt. 2011.

Thomas Bernhard und seine Lebensmenschen. Der Nachlaß. Herausgegeben von Martin HUBER, Manfred MITTERMAYER, Peter KARLHUBER. Suhrkamp. 2002.

Louis HUGUET: Chronologie. Johannes Freumbichler, Thomas Bernhard. publication PN°1. Bibliothek der Provinz. 1996

Friedrich KOCH: Der Kaspar Hauser Effekt. Leske und Budrich. 1995.

Class-Hinrich LAMMERS, Aline VATER, Stefan ROEPKE: Narzisstische Persönlichkeitsstörung. In: Nervenarzt. 2013. 879-888.

Christine LAVANT: Briefe an Maja und Gerhard Lampersberg. Herausgegeben von Fabjan Hafner und Arno Rußegger. Otto Müller Verlag. 2003.

Francois LELORD: Der ganz normale Wahnsinn. Vom Umgang mit schwierigen Menschen. Aufbau Verlag. 2008.

Johann MAXWALD: Thomas Bernhard. Mein eigentümlicher Nachbar. Verlag Austria Nostra. 2014.

Wolfgang MERTENS (1999): Traum und Traumdeutung. Beck. 2000.

Alice MILLER: Am Anfang war Erziehung. Suhrkamp. 1983.

Manfred MITTERMAYER: Ich werden. Versuch einer Thomas-Bernhard-Lektüre. Hans-Dieter Heinz Akademischer Verlag. 1988.

Manfred MITTERMAYER: Thomas Bernhard. Realien zur Literatur. Metzler. 1995.

Manfred MITTERMAYER: Thomas Bernhard, Johannes Freumbichler, Hedwig Stavianicek. In: Die Rampe. Hefte für Literatur. 1999.

Manfred MITTERMAYER: Thomas Bernhard und die Lungenkrankheit. In: Atemw.-Lungenkrkh., 26. 3/2000. 158-166.

Manfred MITTERMAYER: Thomas Bernhard. Suhrkamp. 2006.

Manfred MITTERMAYER: Thomas Bernhard. Eine Biographie. Residenz Verlag. 2015.

Herbert MORITZ: Lehrjahre. Thomas Bernhard – Vom Journalisten zum Dichter. Verlag publication°1. 1992.

André MÜLLER im Gespräch mit Thomas Bernhard. Verlag publication°1. Bibliothek der Provinz. 1992.

Leo NAVRATIL: Schizophrenie und Sprache. Zur Psychologie der Dichtung. DTV. 1966.

Herwig OBERLERCHNER: Der Kaspar Hauser Mythos. Wissenschaft und Praxis. 1999.

Herwig OBERLERCHNER: Mentalisierung und Gruppentherapie. In: SAP. Zeitschrift für Psychoanalyse. 2015.

Herwig OBERLERCHNER: Was brauchen wir Menschen? Von der Phänomenologie über die Ätiopathogenese zur Salutogenese. In: Spektrum Psychiatrie. 04/2015.

Katharina RUTSCHKY (Hg.): Schwarze Pädagogik. Quellen der Naturgeschichte der bürgerlichen Erziehung. Ullstein. 1977.

Wieland SCHMIED: Auersberger wahre Geschichte und andere Texte über Thomas Bernhard. Ein Alphabet. Verlag Bibliothek der Provinz. 2014.

Wendelin SCHMIDT-DENGLER, Martin HUBER (Hg.): Statt Bernhard. Über Misanthropie im Werk Thomas Bernhards. Edition S. 1987.

Rene SPITZ: Vom Säugling zum Kleinkind. Klett Cotta. 1965.

Günter STEINEGGER: Vereinsamungen. Zwei Erzählungen. Asaro Verlag. 2011.

Manfred STELZIG: Krank ohne Befund. Ecowin. 2013.

Friedrich TORBERG (1930): Der Schüler Gerber. Deutscher Taschenbuch Verlag. 1980.

Peter TURRINI: Bei Einbruch der Dunkelheit. Suhrkamp. 2007.

Aline VATER, Stefan ROEPKE, Kathrin RITTER, Claas-Hinrich LAMMERS: Narzisstische Persönlichkeitsstörung. Forschung, Diagnose und Psychotherapie. In: Psychotherapeut. 2013.

Ralf WETTENGEL: Die Lungenkrankheit von Thomas Bernhard – Realität und Fiktion. In Pneumologie. 2010. 64. 111-114.

ANHANG

Zeittafel[166]

1931	Geboren am 9. Februar in Herleen/Niederlande als Sohn von Herta und Bernhard Zuckerstätter. Seine Mutter ist die Tochter des Schriftstellers Johannes Freumbichler und seiner Lebensgefährtin und späteren Frau Anna Bernhard.
1932	Lebt bei den Großeltern mütterlicherseits in Wien.
1935	Übersiedelung mit den Großeltern nach Seekirchen am Wallersee.
1938	Übersiedelung nach Traunstein/Oberbayern.
1943 - 1945	Besucht das Internat in Salzburg, nach Kriegsende das Humanistische Staatsgymnasium in Salzburg.
1947	Beginn der Lehre in Salzburg, die mit der Kaufmannsgehilfenprüfung abgeschlossen wird.
1948 - 1951	Schwere Rippenfellentzündung, mehrere Aufenthalte in Krankenhäusern und Sanatorien wegen Tuberkulose.
1949	Tod des Großvaters am 11. Februar.
1950	Tod der Mutter am 13. Oktober. Erste Begegnung mit Hedwig Stavianicek, Thomas Bernhards Lebensmenschen (1894-1984).
1952	Erste literarische Veröffentlichung im Münchner Merkur vom 22.4.1952: das Gedicht: „Mein Weltenstück".
1952 - 1955	Freier Mitarbeiter beim Demokratischen Volksblatt in Salzburg.
1955 - 1957	Besucht die Hochschule für Musik und darstellende Künste Mozarteum in Salzburg.
1957	erscheint die erste Buchpublikation Thomas Bernhards, der Gedichtband „Auf der Erde und in der Hölle".
1958	erscheinen zwei weitere Gedichtbände: „in hora mortis" und „Unter dem Eisen des Mondes".
1959	erscheint „Die Rosen der Einöde".
1960	Aufführung mehrerer kurzer Schauspiele am Tonhof in Maria Saal.
1963	erscheint die erste Prosa von Thomas Bernhard: der Roman „Frost".

---

[166] Zusammengestellt aus: Manfred Mittermayer: Thomas Bernhard. 2006. 139 und Hans Höller: Thomas Bernhard. Rowohlt. 2011. 145

1964	erscheint die Erzählung „Amras". Bernhard erhält den Julius Campe Preis.
1967	erscheinen „Verstörung" und der Band „Prosa". Thomas Bernhard erhält die Literarische Ehrengabe des Kulturkreises im Bundesverband der Deutschen Industrie.
1968	erscheint „Ungenach". Thomas Bernhard wird ausgezeichnet mit dem Österreichischen Staatspreis und dem Anton Wildgans Preis.
1969	erscheinen „Watten", „Ereignisse" und die Erzählsammlung „An der Baumgrenze".
1970	wird in Hamburg in der Regie von Claus Peymann das erste Theaterstück von Thomas Bernhard aufgeführt: „Ein Fest für Boris". Im selben Jahr erscheint der Roman „Das Kalkwerk" und wird Thomas Bernhard mit dem Georg Büchner Preis ausgezeichnet.
1971	erscheinen der Band „Gehen" und ein Band mit Erzählungen: „Midland in Stilfs".
1972	wird bei den Salzburger Festspielen in der Regie von Claus Peymann das Theaterstück „Der Ignorant und der Wahnsinnige" uraufgeführt. Er erhält im selben Jahr weitere Auszeichnungen: den Franz Theodor Csokor Preis, den Adolf Grimme Preis und den Grillparzer-Preis.
1974	werden die beiden Theaterstücke „Die Jagdgesellschaft" und „Die Macht der Gewohnheit" uraufgeführt. Thomas Bernhard erhält den Hannoverschen Dramatikerpreis und den Prix Séguir.
1975	erscheint der erste Band der autobiographischen Schriften von Thomas Bernhard: „Die Ursache. Eine Andeutung". Zusätzlich wird der Roman „Korrektur" publiziert und das Theaterstück „Der Präsident" uraufgeführt.
1976	werden die Theaterstücke „Die Berühmten" und „Minetti" uraufgeführt und die Autobiographie „Der Keller. Eine Entziehung" mit dem zweiten Band fortgesetzt. Er erhält den Literaturpreis der Österreichischen Bundeswirtschaftskammer.
1978	erscheint das Theaterstück „Immanuel Kant". „Der Stimmenimitator" und „Ja" erscheinen. Die Autobiographie wird mit dem Band „Der Atem. Eine Entscheidung" fortgesetzt.
1979	werden die beiden Theaterstücke „Der Weltverbesserer" und „Vor dem Ruhestand" uraufgeführt. Thomas Bernhard tritt aus der Deutschen Akademie für Sprache und Dichtung aus, nachdem der damalige Bundespräsident Walter Scheel in sie aufgenommen wurde.

1980	erscheint „Die Billigesser".
1981	werden die beiden Theaterstücke „Über allen Gipfeln ist Ruh" und „Am Ziel" uraufgeführt. Es erscheint ein weiterer Band der Autobiographie mit dem Titel „Die Kälte. Eine Isolation" und das 1959/60 in England und Sizilien entstandene Gedicht „Ave Vergil".
1982	erscheinen „Beton" und „Wittgensteins Neffe". Eine Freundschaft sowie der autobiographische Band Ein Kind.
1983	erscheint der Band „Der Untergeher" und wird das Theaterstück „Der Schein trügt" uraufgeführt.
1984	erscheint „Holzfällen. Eine Erregung". Im selben Jahr werden „Der Theatermacher" und „Ritter, Dene, Voss" uraufgeführt.
1985	erscheint „Alte Meister".
1986	wird das Theaterstück „Einfach kompliziert" uraufgeführt. In diesem Jahr erscheint auch „Auslöschung", der letzte Prosatext Thomas Bernhards.
1987	erscheint das Theaterstück „Elisabeth II".
1988	wird am 4. November „Heldenplatz" in Wien in der Regie des Burgtheaterdirektors Claus Peymann uraufgeführt.
1989	erscheint mit dem 1959 entstandenen Text „In der Höhe. Rettungsversuch, Unsinn" einer der ersten längeren Prosatexte von Thomas Bernhard als sein letztes Buch.

Thomas Bernhard stirbt am **12. Februar 1989** in Gmunden/Oberösterreich.

MIX
Papier aus verantwortungsvollen Quellen
Paper from responsible sources
FSC® C105338

Printed by Libri Plureos GmbH
in Hamburg, Germany